| 目 录 |

书品

2016 年第一辑

（总第 151 辑）

主办单位：中华书局

主　编：周清华
副主编：尹　涛

编辑：《书品》编辑部

责任编辑：梁　彦
装帧设计：周　玉

邮编：100073
地址：北京市丰台区太平桥西里 38 号

编辑部电话：（010）63319942
邮购部电话：（010）63453762
传　　真：（010）63458226

印刷：北京瑞古冠中印刷厂

网址：www.zhbc.com.cn
电子信箱：shupin@zhbc.com.cn

定价：8 元

【编者按】：

　　著名出版家、学者，中央文史研究馆馆员，中华书局原总编辑傅璇琮先生于 2016 年 1 月 23 日逝世，享年 83 岁。

　　傅璇琮先生一生致力于古籍整理出版事业，在古代文史研究领域著述精深宏富，扶持和培养了一大批从事古代文史研究的中青年学者，在海内外学术界、出版界享有崇高的声誉。他的辞世，是中华书局的重大损失，是我国出版界、学术界的重大损失。

　　为深切缅怀傅璇琮先生，《书品》编辑部于本辑开辟"特别关注"栏目，刊载著名学者孙昌武、龚延明、王瑞来和戴燕的回忆文章，以飨读者。

悼念傅璇琮

孙昌武

　　年纪老大了，经常听到亲朋好友去世的消息。前些年每得到这类信息，难免"访旧半为鬼，能不热衷肠"的伤感；近年来，这类信息越来越多，心里也有些"麻木"了，只能无可奈何地沉思默悼。可是昨晚，突然得知傅璇琮先生去世，震惊之余，内心更是五味杂陈，无限地痛惜，有不能已于言者。

　　我和傅先生交往三十多年了。1979 年，我在好友帮助下，调进南开大学，回到教学、研究队伍，不久就结识了傅先生。这是所谓"改革开放"初期，他也刚刚"改正"，和我有类似的经历，自然有"同病相怜"之感。当时学术研究在多年沉寂之后，刚刚"复兴"；后起之秀还没有培养出来，队伍不大。京津两地相邻，开会、学生论文答辩、工作出差，等等，来往频繁，接膝倾谈，交换著作，交谊渐深。后来他得到"器重"，职位渐高，职责也渐重，去北京，顺便到中华书局看看他，不便多有打扰。近年来他身体不如从前，出来活动少了。五年前，我的《中国佛教文化史》出版，开新书发布会，本来没有邀请他，但他听说，赶来参加，并发了言。据主办方说，是他主动要求发言。会上，按他的习惯，说了许多溢美赞扬的好话。再一次，也是几年前，他的故乡浙江萧山请他帮忙组织一个孟浩然的会，他安排我们夫妇参加，说是可以顺便到那里看看。就这样，三十多年的交谊，平平淡淡。但在我内心里，是视他为平生难得的少数"知己"之一的。他只年长我四岁，可我又视这种交谊在师友之间。我早年"命交华盖"，多经坎坷，命运终于改变，重新走上学术研究的道路。自己常常庆幸，生平多亏遇到一些好人，给我帮助，给我机遇。傅先生是给我帮助最多、最大的一位。

傅先生的学术成就，有留下的大量著作在，不烦在这里评说。回想这三十年来的交往，深感他人品的优秀，在当代学人中堪称典范，是更值得珍重的。

他心胸宽厚，乐于助人，"平生不解藏人善"，切切实实地帮助有志从事学术研究的人，特别是年轻人。只要看看这些年他给年轻学者著作写的那些序，他对这些著作认真研读，其中只要有一点学术成绩必定细心摘出，表扬称赞不遗余力。就这些年古典文学研究领域说，新成长起来、做出成绩的学者大都得到过他的帮助、鼓励。就如我这个年纪的人，和他算是同辈分，他也是支持、激励有加。上世纪80年代，和他刚刚结交的那些年，我对历史上佛教与文学关系有兴趣，写了些还很肤浅的文字。他不仅一再对我本人说，给予肯定，还在很多场合加以介绍，指出这个领域研究的价值、意义。如今已经聚集很多人从事这方面的研究，并取得相当的成绩，是和他大力鼓吹、推动分不开的。这几十年来古典文学研究各领域取得的成绩，大都包含他的努力成果在内。

他待人亲切，善于团结人，得人信任，有凝聚力，从而能够集合老、中、青，在官、在学的各色人等共同从事一些学术项目，开展学术活动，取得成就，推进学术事业的发展。在这些年远不理想的学术环境下，开展大规模的，乃至全国性的学术活动可说是困难重重。傅先生能够组织大量这类活动，当然和他（只是后来）担任领导职务有关。但这类事能够促成，仅仅靠领导地位远远不够。更重要的是靠组织者的人品、学养，有威望，人们尊重、信服。傅先生是能够做到这一点的不可多得的人才。例如做《唐才子传校笺》这样的工作，几乎吸收了全国唐代文学研究者参加，做出了一个有关唐代文人研究的总结性的成绩。作为主编的傅先生付出的辛劳不知凡几，而他能够联系、组织这一大群人共同工作更非易事。实则他的领导职位只是提供了组织工作的方便，而让人实心实意地追随他工作，还得靠对他心悦诚服的敬重、信任。事实上并不是每个身在高位的领导者都能够团结起一个集体来从事学术研究工作的。

我身经"反右"到"文化大革命"这二十多年，"体验"过那个年代作为"另类"生活的艰难，从事学术研究更是难上加难。古典文学本来被认定是"封资修"，你又是"另类"，还想坚持搞下去，图谋何在？但有些人不避艰危，知其不可而为之，在重压之下仍认定一个目标不放松。傅先生当年就是在这样的环境下自觉地进行学术训练，打下了坚实的基础。待环境转变，杰出的学术成果倾泻而出。而可贵的是，他后来担任了领导职务，而且是实实在在地"领导"工作，却仍坚持进行学术研究，不断做出骄人的成绩。这显示作为"学人"的一种境界，也是他备受人们，特别是年轻人尊敬，让人钦佩的原因之一。

人们常说，治学首先要做人。在这一点上，傅先生是个典范。这些年学术严重"官僚化"，颇有学者主动、被动地去谋取一官半职；学术严重"商业化"，又颇有学者想方设法谋取经济利益。学风窳败让人痛心。特别是一些不合理的制度助长学术腐败趋势，实际是逼迫人随着潮流流宕忘反。内心保持强固的定力，坚持操守和理想不变，傅先生无疑是堪称典范的一位。

傅先生离开了，我觉得作为一位学人，他在当今学界是不可替代的。读韩愈的《贞曜先生墓志铭》，开头一段："唐元和九年，岁在甲午，八月己亥，贞曜先生孟氏卒。无子，其配郑氏以告，愈走位哭，且召张籍会哭。明日，使以钱如东都，供丧事。诸尝与往来者，咸来哭吊……愈哭曰：'呜呼！吾尚忍铭吾友也夫！'"诗人孟郊死后落寞，留下寡妻，只有韩愈、张籍等友人哭吊，韩愈写得极其痛切。傅先生有幸，事业有成，安然远去。有消息说，将在八宝山开追悼会，会是冠盖云集吧。后来孟郊将葬，友人张籍说："先生揭德振华，于古有光"，因此私谥为"贞耀"。孟郊是杰出诗人，友人没有表扬他的诗，而特别赞扬他的为人；称赞为"贞耀"，这是孟郊留下的最为珍贵的遗产。我作为和傅先生三十多年交往的友人，悲悼之余，希望对于死者，不是纪念之后则"亲戚或余悲，他人亦已歌"，除了认真地学习、继承他留下的学术遗产，还有更多的人认识他的人品和精神。敢以为在当今，在这方面加以表彰、发扬是更为重要的。

2016 年 1 月 24 日

一位高人留给浙大的最后绝响
——悼念傅璇琮先生

龚延明

在浙江极寒的日子，1月23日下午，突然传来了极寒的噩耗——浙江之子傅璇琮先生逝世。

太突然了！

我无法相信，因为傅先生正向我微笑，那么亲切和蔼的笑容，那么熟悉的面影，他就坐在我的对面，同我谈初唐诗人宋之问的生卒年；指点我研究宋代官制须从点到面，先从《宋史职官志补正》基础研究做起；同我谈做学问要见难而上，可以试试编撰《宋代官制辞典》；同我谈唐代科举与文学研究，"文史"不分家，研究唐代文学必须研究唐代历史；启迪我，唐代科举有徐松《登科记考》，宋代没有，可否一起做《宋登科记考》？同我谈《宋学研究》刊物的出版，这不，我手中还捧着一个多月前，他在病床上写给我的亲笔信——《宋学研究》第一期出版"贺词"。他信中说起，因二次摔倒骨折住院。我当时没有警觉，以为老年人骨质疏松，摔倒骨折，不是大毛病，没有想到去北京医院看望。

我无法相信，先生11月28日的信，竟然是他留给我的最后的声音，也是他留给浙大的最后绝响！

我陷入悲痛，无声的泪流了下来。人生苦短。一位高人的生命，难道就这样杳然无声地走了？不再回头，不再回头，不再回头看一看亲人，看一看学术界的友人，看一看三十多年来一直得到先生指点、扶持、激励的后学？

我无法相信，从王府井大街中华书局起点，到太平桥西里先生府上，三十多年建立起来的、从未中断过的学术联系，已渗透我的学术生命，渗透在我的职官科举研究的成果之中，怎么可能突然隔断联系，从此再也不能聆听先生的教诲，再也不能为先生泡上一杯龙井茶，向先生请教学术研究如何设计框架、如何创新？

今天下午，复旦大学陈尚君教授告诉我，先生是上午11点突然休克，经三个多小时抢救无效，离开人世的。这是严峻的事实。我不能不相信，先生匆匆地走了，他来不及告别。现在我手上捧着的先生这份珍贵的"贺词"，成了先生留给后学的最后勉励和期望，也是先生留给浙大的最后绝响，祝福浙大宋学研究中心办好，办成海内外新宋学交流的平台。先生在生命的尽头，惦念着的还是学术建设、学术发展和人才的培养，博大的胸怀，展现的是高人的风采。现把先生用颤抖的手，一字一句艰难地写下的最后亲笔信，转录下来刊布：

贺　词

中华书局原总编、中央文史馆馆员
清华大学古文献研究中心主任　傅璇琮

浙江大学宋史、宋词研究饮誉海内外。一代宋史学家张荫麟、一代词宗夏承焘在先，陈乐素、徐规、吴熊和名家继起。薪火相传，文脉不绝，后继有人。欣闻浙大宋学研究中心，在弘扬宋史、宋词传统学科优势的基础上，融文、史、哲于一炉，已满十周岁，在学术积累的基础上，创办《宋学研究》，构建新宋学的学术交流平台，可喜可贺！期待贵中心之《宋学研究》，将吸引海内外最前沿、最新的宋学学术成果，奉献于学界，从而有力地推动新宋学的长足发展！

读着这封绝笔信，我难以克制，泪水再一次流下。我望着先生的背影，正驾鹤西去，祥云缭绕，身后是他留给后世的一座座学术丰碑：参与整理《全唐诗》、点校"二十四史"，专著《唐代诗人丛考》、《唐代科举与文学》、《唐才子传校笺》、《李德裕年谱》、《李德裕文集校笺》、《唐翰林学士传论》，和为后辈学者撰写的大量序和跋……

我无法追上已升华登天的傅先生，再也没有机会在学术会议上搀扶先生走上台阶，我只能在他身后，轻轻地呼唤：傅先生，一路走好！

最后让后学在先生灵前祭上一副挽联，寄托我的哀思：

　　　　高言高功高德高人秀于林；
　　　　妙思妙文妙作妙手出仁心。

后学　浙江大学古籍所　龚延明拜奠

2016-1-24

谦谦君子，巍巍学人
——我哭傅师

王瑞来

　　乙未岁杪，一个寒冷的周末，学校的同事们一起在居酒屋聚饮。席间，偶然打开手机，微信中传达的消息让我震惊：傅璇琮先生于 2016年 1 月 23 日下午 3 时去世。顿时，像室外的天空一样，心开始飘雨，酒食无味，强忍镇静。饭后归宅，一进家门，跟内人说了句"傅老师去世了"，便泪如泉涌，欲抑而不能。

　　年近花甲，常有学界的师友与世长辞的讯息传来，闻讯固然悲戚，但更多的是对学术星殒的痛惜。有如得知傅先生去世这样泪崩的，除了父母离世，我还不曾有过。对古人说的"如丧考妣"，我已经超出了对字面文义的理解，成为了真真切切的个人体验。人生在世，我想除了父母家人至爱亲朋，闻讯一个人的辞世，能够如此悲痛的，大概不多。

　　我一直称呼傅先生为傅老师。我与傅老师结缘在中华，相识却是在进入中华之前。1981 年，进入大四的我开始实习。北大古典文献专业，原本就是为中华书局培养编辑而创设，因此包括我在内，几个不打算继续考研的同学，便到了中华实习。学未了，身先入，从实习开始，我就成了中华人。大学几年，一直跟我们走得很近的白化文先生，十分热心地把另一位实习的同学推荐给时任文学编辑室主任的程毅中先生，而把我推荐给了时任古代史编辑室主任的傅璇琮先生。两位先生都是白先生在 20 世纪 50 年代的北大同学，白先生嘱托两位先生带我们。我既没有读过硕士，更没有读过博士，博士学位还是赴日之后以出版的日文著作获得的。因此我没有严格意义上的导师。在最近出版的文集跋语中，我这样写道："拥有博士学位，却无特定导师。虽无宗无派，却得千手千眼指导，这更是我的幸运。"这是实话。至少中华十年，我得到了杨伯峻、李侃、赵守俨、程毅中、王文锦、张忱石等众多先生的亲灸言教。而傅璇琮先生则是被指定带我的名副其实的老师。因此也可以说是我学术生涯中唯一的真正意义上的老师。尽管没有举行过传统的拜师仪式，但我认定傅先生就是我的老师，因此一直叫傅老师。

自从 1981 年 3 月的一个下午，到中华拜访过之后，中华十年，傅老师是在学术上对我教诲最多的老师。学术前辈奖掖后进的风范，我在傅老师那里也领略的最多。

我的大学毕业论文是整理点校宋人笔记《鹤林玉露》，这就是出自傅老师的提议。点校稿傅老师和白化文先生都悉心审阅过。我写的关于《鹤林玉露》作者罗大经的生平考证文章，傅老师也逐句改订，并写下批语说"为文跳脱可喜"，让我受到很大鼓励。1983 年，点校本《鹤林玉露》出版后，语文大家吕叔湘先生读到其中有几处标点不妥，跟傅老师提及之后，傅老师专门安排我去吕先生家里，具体征求意见。我清楚傅老师为我创造机会接受学术大家教诲的良苦用心。

正式进入中华之后，傅老师安排我编辑杂志《学林漫录》，从大量的学术掌故中，我不仅获得了学术史的知识，还在无形之中接受了学术熏陶。无论是编辑工作，还是学术研究，我的一点小小的成就，都会得到傅老师的极大勉励。我摘取白居易诗"闲征雅令穷经史，醉听清吟胜管弦"，以"醉听清吟胜管弦"为题，在当时的《联合书讯》发表了一篇介绍新刊《学林漫录》的文章。傅老师读到后，喜悦勉励的情形，至今犹在目前。

安排审阅书稿，也备见傅老师培养后学的心思。刚到中华不久，傅老师便安排我担任黄仁宇先生《万历十五年》的责任编辑。通过详细阅读书稿，与作者往复联系，让我又在无形之中开阔了学术视野，领略了与通常的范式迥异的学术风格，对我后来的学术写作产生了相当大的影响。

在中华的那些年，是我的学术旺盛期。不仅在工作之余，常往当时位于王府井中华书局斜对面的科学院图书馆钻，晚上也常常不回宿舍，以一张折叠床住在办公室，周六、周日几乎是长在中华。因为年长的傅老师也常常在周六、周日在中华的办公室工作写作。在傅老师的激励下，那些年的努力，奠定了我的学术基础。在中华的日子里，常常得到傅老师以亲身学术经历为佐证的指教。傅老师曾告诉我说，任何大家都经不住查。这句话我至今难忘，还常常转述给学生。因为这一句简单的话语，不仅教导我要谨慎地对待学术，还让我树立了学术自信。

20世纪80年代的中华，杨伯峻、周振甫等老一辈学者还在，尚存传统遗风，学术气氛很浓，俨然是一所学术中心，具有学术向心力。作为编辑，接待作者，可谓是"往来无白丁"。如今令学子景仰的一流学术先辈，当时都曾谋面。编辑在为人作嫁的同时，大多都立志成为学者。傅老师在这方面也对年轻人多加鼓励，有学术会议，尽量派出参与。记得当时参加各种学术会议，我都是提交论文，并不仅仅作为出版社的编辑，而是以研究者的身份参加。做学者型编辑，当时傅老师就是我的楷模。时移世变，傅老师的谢世，学者型编辑渐成绝响，此亦令人唏嘘，为学术悲，为高质量的学术出版惜。"行有余力，则以学文"，寄语当道者，为学术繁荣，为文化传承，在有余裕的前提下，多做一些"无用功"，培养一些学者型编辑，让傅老师这样的一代学人后继有人。

在唐代文史研究领域，傅老师成就斐然，从 20 世纪 80 年代初始，以《唐代诗人丛考》震惊学界，嗣后，《李德裕年谱》、《唐代科举与文学》、《唐诗论学丛稿》、《唐人选唐诗新编》等著作陆续面世，洵为巍然一代大家。然而，傅老师并非独自埋头向学，而是对中国古代文史有着宏观的通盘思考，视野十分开阔，向下延伸，对宋代文史也给予了相当的关注。这从傅老师主张、主持编纂《全宋诗》便可见一斑。挚友龚延明教授多次向我讲述过傅老师鼓励他编纂《宋登科记考》的往事。几年前问世的《宋登科记考》，署有傅老师主编，可见傅老师一定是倾注了极大的精力。《宋登科记考》直接奠定了后来龚延明教授的十巨册《宋代登科总录》，其间傅老师的创意开拓之功至伟。

作为国务院古籍整理出版规划小组秘书长，作为中华书局总编辑，傅老师在制定长远的古籍整理规划，出版大量古籍整理精品方面，做出了不可磨灭的巨大贡献。今天中华书局的学术出版巨子的地位，正是由于傅老师这样一代学人出版家的承前启后而奠定的。

晚年的傅老师除了自身研究之外，更大的学术贡献，我觉得还是学术组织工作。傅老师不仅担任各种学术团体的领导职务，兼任多所大学的教授，还参与主编了许多大型古籍整理项目和学术著作，除了上述提及的《全宋诗》，还有《中国古籍总目》、《续修四库全书》、《续修四库全书总目提要》、《全宋笔记》、《唐五代文学编年史》、《唐才子传校笺》、《宋才子传校笺》以及乡梓的《宁波通史》等。这些学术组织工作的贡献巨大，有目共睹，其副产品，则是带出了几代学人，让学术薪火传承不息。这样的贡献，在今后的几十年内将会逐渐显现。

　　一个人的精力十分有限，身材瘦小的傅老师，一直旺盛地燃烧，春蚕到死，蜡炬成灰，为学术、为出版贡献出了十二分精力。

　　作为傅老师的学生，十分惭愧，去国几十年，与老师联系甚少。只是 2007 年的邓广铭先生诞辰百年纪念会上，匆匆一见。后来几次到北京，都跟繁忙的傅老师失之交臂，仅跟夫人徐敏霞老师一起单独吃过饭。刚出国的那几年，傅老师曾给我写信，希望把我介绍到国内的大学任教，虽然最终未果，但挂记学生的师恩，我一直铭记。去年就听说傅老师身体不好住院，总想去看望，想把自己出版的五卷学术文丛敬呈给老师，向老师做学术汇报，但一直也没有机会回北京。没想到老师走得这样急，如子不孝，愧做学生，悔恨莫及，"此情可待成追忆，只是当时已惘然"！

　　傅老师待人谦和，无论长幼，彬彬有礼，传承着老一代学人的风范。当然，傅老师的低调谨慎，也与其坎坷的经历有关。人皆为 20 世纪 80 年代初《唐代诗人丛考》的一鸣惊人而赞叹，殊不知在那之前是长期的学术积淀。《全唐诗》就是傅老师与王国维次子王仲闻先生整理的，并且 20 世纪 60 年代就出版了《杨万里范成大资料汇编》和《黄庭坚和江西诗派资料汇编》。不过由于那个时代的特殊原因，傅老师都无法署上真名。20 世纪 80 年代以后傅老师的学术井喷，实在是长期压抑后的爆发。

　　人生苦短，有限的人生能够做一些有意义的事情，便为短暂的人生赋予了意义。个体的人传承着人类的生命，每个学者的一生都是一次接力长跑。接力前人创造的文化，传承给后来人，于是文化之树常青。我曾以《生命以另一种形式不朽》为题，撰文悼念学友刘浦江教授。真正的学者是不会死的，生命以另一种形式不朽，永远活在他的著作中，活在学术传承中。傅老师就是不死的学者。

　　我哭傅师，如丧考妣，为厚谊，为学术，为文化。借用我的研究对象范仲淹《严先生祠堂记》中的一句话，悼念敬爱的傅老师：

　　　　云山苍苍，江水泱泱，先生之风，山高水长！

匆草于先生辞世之次日

傅璇琮先生与中华书局

　　傅璇琮先生自 1958 年进入中华书局，至 2003 年正式退休，为中华书局服务四十五年，长期主持或分管中华书局编辑部工作，曾参与《全唐诗》标点，参加点校本"二十四史"的编辑工作，担任《宋书》责任编辑；参与编辑出版《顾亭林诗文集》、《史通》、《四库全书总目》、《清人考订笔记丛刊》、《启功丛稿》、《万历十五年》等；参与组织规划出版《全唐五代词》、《全明词》、《全清词(顺康卷)》及"古典文学研究资料汇编"丛书、"中国古典文学基本丛书"、"中国古典文学史料研究丛书"、多卷本《中国文学家大辞典》等。

　　傅璇琮先生是我国出版界"学者型编辑"的代表，在中华书局出版的主要著作有《唐代诗人丛考》、《李德裕年谱》、《河岳英灵集研究》(合著)等，在中华书局出版的主要古籍整理作品有《杨万里范成大资料汇编》、《黄庭坚和江西诗派资料汇编》、《唐五代人物传记资料综合索引》(合著)、《唐人选唐诗新编》(合著)等，曾参与主编《中国古籍总目》、《唐才子传校笺》、《王应麟著作集成》(均在中华书局出版)等古籍整理图书及学术著作。

（清平客）

送别傅先生

戴 燕

傅先生去世的那一天，凌晨睡得迷迷糊糊，忽然有什么人布置下任务，说是要总结一下傅先生的学术贡献，心里一急醒过来，便想了想我对傅先生的了解，他写的书或他主持的学术活动，才发现我的记忆都是在 2000 年以前。到了傍晚，接到中华书局老朋友传来的简信，说傅先生去世了，我一惊，把早上想到的那些都忘得干干净净，甚至想不起最后一次见傅先生是在什么时候、什么场景。

中华书局发布的讣告，我觉得最好的一点，就是它没有隐没掉 1958 ～ 1978 傅先生当"右派"的这二十年，虽然我们不知道这二十年是怎么过来的，但是他出版了一些资料集，还酝酿了他早期的著作。我最早见到傅先生，正是在这二十年刚刚结束的时候，他的同学金开诚老师邀他来给我们讲课。1982 年我分配到中华书局，在程毅中先生和傅先生领导下工作，前后大约十来年，当时有些同事白天坐班为公家编稿，晚上留在办公室做自己的事情，傅先生夫妇是连礼拜天也不怎么回家的，因此那一段时间，就可以经常见到傅先生和徐先生。

那时因为金老师的缘故，听了不少中文系 1951 级的故事，包括他们几个人如何为了编辑同仁刊物而被打成"右派"。除了金老师，我后来接触到几位"出头的椽子"，一个是傅先生，一个是已故沈玉成先生，当然还有程毅中先生，发现他们有一个共同的特点，就是不仅才华出众，而且理想大、心气高，在他们各自的领域，不管是自己做学问，还是教书、当编辑，只要经过他们的手，就可以把事情做成一流，出类拔萃。而根据我的观察，这当然是因为他们身上首先是有一股气，压力越大越不服输，其次是在研究或编辑、教学上，都舍得投入时间和精力，用心之深也超过一般人，更重要的，是他们都有过人的见识。

见识这个东西，说起来虚，可落实到具体的人和事上，还是会有一点点分别。傅先生最重要的著作《唐代诗人丛考》和《李德裕年谱》，都是以文献考据见长，在以古籍整理为主的中华书局的氛围里，似乎也合乎本分，是题中应有之义，但傅先生毕竟不是以文献考据为他最终目的。他对一个个诗人的考订，乃是以一个整体的唐代文学史的构想为依托，他为李德裕编年谱，也是要借这个宰相来揭示中晚唐政治与文学的关系。正是因为有这样的理念贯穿其中，才使得考证不至流于琐屑，年谱也不止是在讲述一个官员的日常。

傅先生担任国务院古籍整理出版规划小组秘书长那几年，我曾受命参加编一份杂志。中华书局原来已有《文史》、《学林漫录》和《文史知识》三种杂志，面向对中国古典文化有兴趣的不同层次的读者，口碑一直很好，可是傅先生认为还应该编一本刊物，来沟通传统学问与现代文化，于是就有了《传统文化与现代化》。这份杂志坚持的时间不长，但在当时，却表现了傅先生的关怀和他对于整个中华书局布局的设想，立意高远。而由于编刊，我在那一段时间也得以时常见到傅先生。

1995 年，我调离中华书局，傅先生找我谈话，劝我不要走，他还去找我新单位的领导，叫人家把我退回去。我说这两个兄弟单位，坐几站公交车就到了，我也会经常回去。但是从那以后，跟傅先生见面的机会实际上是越来越少。

我初见傅先生时，他们那一班前辈，还不到我现在的年纪，我则是个浑不懂事的小"老戴"，刚进大学时，金老师他们都这么叫我，还说我这个"老"是"老小"的老。可是这些年，当初领我们进门的"师傅"一个个遽归道山，我们也都见老，不光是年岁老，还有整个人都随着对于年轻时成长过程的记忆，仿佛留在了上世纪。我对傅先生的所有回忆，也都是停留在上世纪，是在王府井大街 36 号楼宽敞的走廊，白墙灰地，傅先生端着书或稿子匆匆走过来。那是多么意气风发的傅先生！

2016 年 1 月 26 日夜于京都

中华书局总经理徐俊当选 2015 中国文化产业年度人物

2016 年 1 月 30 日，由光明日报社主办的"2015 中国文化产业年度人物"揭晓典礼在北京举行，中华书局总经理徐俊与博纳影业集团董事长于冬，读者出版传媒股份有限公司董事长吉西平，北京电视台副总编辑、京视卫星传媒集团董事长徐滔，中文在线董事长童之磊等 10 人当选"2015 中国文化产业年度人物"。

（清平客）

细微处见精神
——追忆刘浦江与点校本《辽史》修订

徐　俊

　　得知浦江生病的消息，太过意外，当时的感觉就像是自己一下子站到了断崖边。几次想去看他，都被婉拒。后来的一段时间，因为《辽史》修订、《契丹小字词汇索引》编辑出版，以及《史记》、两《五代史》修订本审稿等事务，浦江仍与我们保持着联系。我内心一直往乐观处想，浦江一定能够挺过这一关。

　　浦江与中华书局的交往主要是在这几年，我正好是当事人。浦江和我同龄同届，自相识就没有距离感。和浦江比较多的接触，是从商讨《辽史》修订开始的。在着手"二十四史"修订之初，我拜访蔡美彪先生，谈到辽金史修订，蔡先生就首先推荐了浦江。因此，在 2006 年我们做第一轮调研的时候，《辽史》修订就已经基本确定由浦江来承担。在此期间我们有过比较多的交流，开始我们非常希望由浦江和张帆一起承担辽、金二史，后来因为张帆与陈高华先生共同主持《元史》修订，这个计划才作罢。在《金史》确定由吉林大学承担以后，对《金史》修订方案和修订样稿，浦江贡献了很多意见。一次我在中古史中心参加其他活动，会间在浦江的研究室，针对吉大的学术特点，他还就《金史》的修订跟我做了深入的交流，意见和建议都非常中肯。

2007 年 5 月，点校本"二十四史"及《清史稿》修订工程第一次修纂工作会议召开，确定北大历史系为《辽史》修订承担单位，浦江主持并担任修订工程修纂委员。同年 10 月 19 日，召开《辽史》、《元史》修订方案评审会，蔡美彪先生任评审组组长，刘凤翥、周清澍、王曾瑜、许逸民等先生参与评审，讨论通过了两史修订方案、凡例。按照修订工作程序要求，2008 年 5 月，《辽史》修订组提交了修订样稿五卷，样稿由我们分送蔡美彪、陈高华、崔文印、许逸民等先生进行书面评审。6 月 26 日，《辽史》修订样稿评审会在中华书局召开，蔡美彪、刘凤翥、崔文印、张帆、许逸民等先生参加评审，浦江和修订组康鹏等与会。9 月，《辽史》修订样稿印制完成，寄送相关专家学者进一步征求意见。

《辽史》修订前期规定动作和必备程序，极其顺利，各史无出其右。其中有史书差异、原点校本差异、修订组准备等各种因素，但主持人的学术积累和修订力量组织起了关键作用，而浦江在这两个方面的优长都非常突出。

就整个"二十四史"修订来说，相对于其他各史和各史主持人，我们与《辽史》修订组的工作交流机会是相对少的。修订工作顺利，反复讨论就少；修订工作周折，相互探讨甚至开会就多。《辽史》从开始阶段的修订方案、修订样稿，到中间阶段的二次样稿，没有任何磕绊，意见一致，省去了很多功夫。而且《辽史》修订组一些行之有效的做法，在各史初期摸索阶段，还起到了样板示范的作用。

简单举个小例子。如何吸收前人成果，包括断代史研究成果、与本书密切相关的文献研究成果、针对点校本的校勘成果，等等，是修订最基本的准备工作。修订工作总则对此提出了明确的普查和吸收的要求，但怎么做并不清楚。《辽史》修订组的做法非常有启发性。在 2007 年 10 月讨论修订方案时，浦江已组织人力对前人有关《辽史》的校勘、勘误论文进行了全面搜集，整理装订成《辽史勘误》一册（250 页），收入 1942 ~ 2007 年间散见于报刊、文集的论文、札记，共 62 篇。做到这一点，似乎很平常，关键是下一步，他们把每一篇文章里面涉及到的校勘点，都在文章的显要位置标出，然后再将各篇文章所涉及的《辽史》卷次，统编为《辽史各卷勘误索引》。这样《辽史》某卷有哪几篇文章、在什么位置，涉及到某个校勘问题，一目了然。每个参与修订的人，都可以由此几无遗漏地掌握前人对某一校勘点的意见。另外，针对原点校本对新出考古材料和石刻资料用得较少，《辽史》修订组还编制了《辽代石刻新编》，以供修订采用。如何统一把握参与修订的人在资料获取上的均衡一致，一直是我们关注的问题，所以，当我听浦江介绍这个做法，并把已经完成的《辽史各卷勘误索引》交给我们的时候，我是由衷的叹服浦江的工作成效。我们后来在各史都推广这个做法。这看起来只是一个具体改进，但却是如何减少重复劳动而又消弥遗漏的非常有效的办法。

再如修订长编，按照修订要求，每史修订在校勘记撰写之前都要撰写修订长编，记录所有校勘点的文本差异、文献依据和考辨过程。当我第一次看到《辽史》修订长编的时候，也为长编的深入和细致深为叹服，长编不但对每一条校勘的文献引用、考证过程有清晰记录，引述今人论文，都一一注明篇名和页码，真正实现了我们提出的一切都可回溯的目标。

最近看参与修订的邱靖嘉、苗润博等几位同学的记叙，回顾《辽史》整个修订过程，前后六年的不懈坚持，对于工作要求和标准，可以说一以贯之。因为工作需要，为推进度，我曾一再与各个修订组交流，包括浦江也经常交流，我觉得浦江的工作特点，一是细腻，一是冷静，二者又都建立在周密计划的基础之上。浦江一开始就设计好了读书班的方式，自始至终按照规程来做，实践证明，工作推进行之有效。

《辽史》在 2013 年完成修订初稿，并且在浦江病后化疗过程中开始做统稿定稿工作。2014 年 7 月 22 日，浦江交来《辽史》全部 116 卷修订稿（每卷有校勘记和长编两个文件），11 月 18 日交来前言、凡例及参考文献三个文件。可以说，浦江用最后的生命冲刺般的完成了《辽史》修订，没有留下任何棘手的难题。浦江在病中还最后嘱咐：修订组成员中，邱靖嘉从始至终参与修订，对情况最了解，今后有关《辽史》后续事宜，由邱负责。《辽史》修订稿交来后，我们陆续约请了蔡美彪、刘凤翥、王曾瑜、陈智超、宋德金、张帆、吴丽娱、王素等先生外审，其中蔡美彪、刘凤翥二位先生的审稿意见于 10 月返回，并已转浦江和修订组参酌。浦江在前言、凡例及最后一批稿子交来以后，曾经与我们的责任编辑通电话，特别关心外审专家的后续意见。他最后的电话就是问《辽史》修订的反馈意见，而且希望在春节前要开一次修订组内部会议，安排春节过后化疗平稳期间的最后修改定稿工作。

1 月 6 日浦江去世，我看到同学们的帖子，2013 年 6 月，浦江在《辽史》第一遍修订稿完成后，写给同学们的信，充满热情的讲道："这是收获丰厚的青春，这是无怨无悔的青春！"让我非常感动，在浦江离世的痛惜中，分享到他和同学们收获的快乐，让我对浦江在病中艰难而冷静的完成定稿，有了更深的理解。

最近一年《辽史》编辑审读加工和修订组完善修改工作，总体顺利。在结束统稿工作之后，浦江把后面的审稿和定稿工作都作了安排，修订组不负嘱托，通力合作，保证了最终的修订质量。按计划我们将在 2016 年初，也就是浦江离世一周年纪念的时候，完成《辽史》修订本的编辑出版。关于《辽史》修订本所取得的成果，需要学术界来检验和评价，不是我一个外行所能评说，但我觉得修订本《辽史》作为辽史研究和辽史文献整理的一个标杆，是不用置疑的。

作为"二十四史"修订工程修纂委员，浦江还参与了《金史》、《元史》以及率先出版的《史记》、两《五代史》修订稿的专家审查。这里从 2014 年 3 月浦江返回的两《五代史》修订稿外审意见中摘录一条校勘意见，以见一斑。

《旧五代史》卷 137 校勘记〔一〕：

> 习尔之，原作"萨勒札"，注云："旧作习尔之，今改正。"按此系辑录《旧五代史》时据《辽史索伦国语解》所改，今恢复原文。（点校本第 1837 页）

浦江意见：

> 按："此系辑录《旧五代史》时据《辽史索伦国语解》所改"的说法不妥。其一，索伦语与契丹语无关，《钦定辽史语解》也并非据索伦语改译而成。因高宗认为索伦为契丹苗裔，故编纂《三史国语解》时声称"以索伦语正《辽史》"，辑本《旧五代史》卷首《编定凡例》亦谓"凡纪传中所载辽代人名、官名，今悉从《辽史索伦语解》改正"云云。今检《钦定辽史语解》共计 1639 条，其中据索伦语改译的词汇仅有 38 条，仅占总数的 2.3%；而根据满洲语和蒙古语改译的词汇倒有 1306 条，占到总数的 80% 以上。故知"以索伦语正《辽史》"之说只是一个幌子而已。其二，当时三史国语

解收入四库时称《钦定辽金元三史国语解》，后来单刻时分别称《钦定辽史语解》、《钦定金史语解》、《钦定元史语解》，所谓《辽史索伦语解》、《辽史索伦国语解》等等都是指《钦定辽史语解》，是四库馆臣的一种不规范的说法。其三，辑本《旧五代史》完成于乾隆四十年，契丹语名的改译工作当时也已基本完成，而《三史国语解》成书进呈已在乾隆四十七年，今天我们看到的本子则是乾隆五十二年以后的修订本。也就是说，各书改译在前，辑录编纂为《三史国语解》在后（虽然有《三史国语解》成书后再回头挖改诸书的情况，但像《旧五代史》这样大量出现契丹语词者不属于这种情况）。此处宜改作"此系辑本旧五代史所改"，以下三条同此。

可见浦江的专业积累和认真细致，没有些许浮泛之论。

浦江去世后，我们"二十四史"修订办公室梳理出了《辽史》修订大事记，我也把最近一年多时间浦江给我的邮件看了一遍。浦江最后给我的四封信，都是推荐学生的文章。浦江推荐书稿论文，都是直接寄给编辑部，同时告知我予以关注。其中就包括刚印出来的《辽史百官志校正》，可惜浦江已经看不到了。浦江的推荐信，邮件正文会讲清楚这篇文章的主要学术贡献，在附件里必定有两个文件，一是文章本身，一是作者的学术简历，非常规整。在此我将 2014 年 6 月 18 日浦江给我的邮件与大家分享：

徐俊兄：

我的学生苗润博新近在湖南图书馆发现了《续资治通鉴长编》的四库底本，目前通行的《长编》五百二十卷本皆出自四库阁本系统，民族语译名及违碍文字已遭清人大量删改，而湖南图书馆收藏的这个四库底本，其中译名皆未经改译，违碍文字亦多仍原本之旧，据他判断，此本系自《永乐大典》辑出后的二次修改稿本。此本抄成于乾隆四十三年，修改工作持续至乾隆五十二年，较为完整地反映了《长编》辑佚、整理的过程，是最接近《永乐大典》所收《长编》原貌的版本。

　　附件即为苗润博有关这一四库底本的研究成果，他已将此文寄给《文史》。相信这一发现将会在宋史学界引起不小轰动，毕竟《长编》是研究宋史最重要的一部史料。另外我还有两个建议：第一，中华书局应设法将此本影印出版，以取代上海古籍出版社影印的浙江书局本；第二，书局应利用此本对点校本《长编》加以全面修订，或以此本为底本，对《长编》进行重新整理，以期最大限度地恢复该书的原貌。

　　祝好！

浦江　2014 年 6 月 18 日

　　写这封邮件的时候，浦江刚刚查出癌症两个月，经历了第一期治疗。我注意到同学们的回忆，其中谈到，三天后的 6 月 21 日，浦江开始做《辽史》统稿，在他给同学的信中留下了当时的身体状态和所思所想，浦江说："这一周来，晚上睡觉不能平躺，否则通宵咳个不停，完全不能入睡。我坐着睡，下半夜还能睡一小会。白天也没法睡觉，只要躺下就一直咳，只能坐着，所以只要不发烧，脑子清楚，就可以坚持看看东西，也不觉得困，反而觉得不怎么咳了，今天已经在做《辽史》统稿工作。""告诉你们我为什么不畏惧死亡？……一个人文学者，有一流的作品可以传世，能够培育出一流学者来继承他的事业，还有什么可畏惧的呢？顶多有一点遗憾而已。"在这样的病情状况下，学术事业和学生的学业，是他最欣慰也是最关切的事。

接到浦江邮件后，我们联系了上海师大古籍所戴建国先生，因为《长编》是上师大古籍所整理的，希望对《长编》进行修订。同时我们也联系了湖南省图书馆，现在已经完成这部书的版本复制，会很快影印出版。浦江在这样痛苦的时刻，除了学生论文，还关心这部书应该怎么做，给我们详细的建议，带给我们的感动，无需用更多的话来表达。

追思浦江，是一次心灵的净化，也是一种激励，更重要的是要转化成我们的一份责任，以出版好浦江遗著作为对他最好的纪念。

编者补记：

这是中华书局总经理徐俊2015年撰写的回忆点校本"二十四史"修订工程修纂委员、《辽史》修订组负责人刘浦江先生的文章，收入《大节落落，高文炳炳—刘浦江教授纪念文集》一书中。当您读到本辑《书品》时，修订本《辽史》已付型，正在紧锣密鼓地印制中，预计4月中旬新书出炉，"五一"前全国各大书店上架。敬请读者朋友们关注。

陈梦家的治学领域与视野
——读《陈梦家学术论文集》

黄益飞

　　2016 年是陈梦家先生诞生一百零五周年，也是他在"文革"中罹难五十周年，《陈梦家学术论文集》即将由中华书局出版。中国社会科学院考古研究所编集的这部论文集，收录陈先生几部专著以外的全部论文。其中包括早年于上世纪三四十年代（即三十五岁以前）发表的论文二十七篇，五六十年代发表的和遗稿整理的十九篇。其全文收入或全面改写后已收入《殷虚卜辞综述》等专著者，则有明确交代，列为存目，一目了然。

　　陈梦家先生在 1956 年 10 月回顾自己的治学道路时说过："我于二十五年前研究古代的宗教、神话、礼俗而治古文字学，由于古文字学的研究而转入古史研究。"（见《尚书通论·叙》）这一心路历程在陈先生早年的著作中也有明晰的反映。陈先生早年代表作，如《商代的神话与巫术》、《祖庙与神主之起源——释且宜俎宗祐祊示主室等字》、《高禖郊社祖庙通考》、《射与郊》等文，即是陈先生结合古文字学研究商周宗教、神话、礼俗的名著；《古文字中之商周祭祀》、《隹夷考——梦甲室商代地理小记之一》、《商代地理小记（二）》、《周公旦父子考》等文，则见证了陈先生因古文字学研究而转入古史研究的轨迹。

　　这里对上述诸篇择要稍作介绍，以见陈先生治学特点。《古文字中之商周祭祀》是陈梦家先生公开发表的第一篇论文，文中陈先生首先对当时甲骨学研究的现状进行了回顾，他指出早期甲骨文研究分为三类：一为文字、文例之研究；一为以甲骨文为史料进行古代社会史之研究；一为商、周两族关系之研究。在此基础上进一步提出，殷周关系的研究可从商周祭祀之比较、商周官制之比较、商周文例之比较三个方面展开。关于商周文例、官制之异同，是文中已略作述论，陈梦家先生大抵对这两部分的研究不甚满意，故而在后期著作中对商、周的文例和官制分别进行了深入探讨，如《殷虚卜辞综述》第二、三章及十五章分别对商代文例、殷商官制等做了深入细致的研究。在《西周铜器断代》（中华书局，2004 年）下编周礼部分辟出职官的专题，而铭文、习语或系对周代文字、文法的专题研究。在商、周文例及官制都相对明晰的前提下，再去进行商周关系的研究，必定客观、深入而且富有体系性。

　　然而在《殷虚卜辞综述》及《西周铜器断代》中并未再专门论及商周祭祀，想必对早年商周祭祀的研究大体上是满意的。故而《古文字中之商周祭祀》可看作是陈梦家先生以商周祭祀的视角来研究商周关系的代表作。

　　《商代的神话与巫术》一文，是结合传统文献、古文字材料研究商代巫术的重要论著，洋洋乎六万言。陈先生分上、下两编分别对商代的神话和巫术钩沉索隐，周加释论。上编从神话的发生，神话传说中所见夏、商世系，古文献、古文字材料所见动物的驯化、与自然界猛兽的斗争，水的神话等方面对商代神话进行研究；下编则从巫、舞、祓禳（其详有四方与风雨的祓禳、宫室的清洁、人身的清洁、衅、傩、暴巫与焚巫、方象与鬼、救日月之灾）等的方面，对商代的巫术作了系统而细致的梳理。迄今为止，是文仍为商代神话、巫术等相关研究不可或缺的参考文献。

《射与郊》一文则对商周时期的学校、学制以及郊祭等进行了系统的探索。该文亦分上、下两篇，上篇从古文献、古文字材料中披沙沥金，对涉及商周学制的序、庠、学、校、米廪、塾、堂、辟雍、泽宫以及古文字所见商周学制详为钩稽。下篇则对与郊祭相关的畤、帝都、灵台、明堂、圜丘、方丘、社、高禖等进行了探索论释。《射与郊》对商周学校的研究，就其系统性而言至今尚无出其右者；其对郊祭研究则对相关礼制的探索亦颇具启益。

陈梦家先生自 1935 年接触殷周铜器实物始，便开启了他长达三十年之久的殷周铜器研究。陈梦家先生研究商周铜器的初衷是搜求上古史研究的史料，将青铜器史料化，使其成为独立于传世文献的重要史料，这一治学思路从《中国铜器概述》目录中也有清晰的反映。《中国铜器概述》目次如下：

一、时代；二、地域；三、国族；四、分类；五、形制；六、文饰；七、铭辞；八、文字；九、铸造；十、鉴定。

将时代列在第一，盖因区别青铜器的时代是使其成为可靠史料的基础，这在二十世纪三十年代的学者间已经达成了广泛共识，郭沫若《两周金文辞大系》对西周铜器的分代研究是其中坚之作。列在其次的地域、国族也是青铜器史料化必不可少的因素，郭沫若《两周金文辞大系》东周列国铜器的讨论即这方面的典范。在时代、地域、国族之后才涉及青铜器本身的分类、形制、纹饰、文字以及铸造和辨伪。据闻陈先生编撰的《美国所藏中国铜器集录》一书，已重新整理，同时陈先生用英文撰成的《中国铜器综述》也已译成中文，渴望二书早日问世。

陈梦家先生的古文字、商周铜器和神话传说研究，其目的皆在于广泛刺取上古史研究的可靠史料。尽力扩大史料范围、搜求新史料，是二十世纪二三十年代史学研究的一个重要特征。这与傅斯年、胡适、顾颉刚等倡导整理国故运动息息相关，顾颉刚在为《国学门周刊》作《一九二六年始刊词》中指出：

> 在我们的眼光里，只见到各个古物、史料，风俗物品和歌谣都是一件东西，这些东西都有他的来源，都有他的经历，都有他的寿命，……（这些）都是我们可以着手研究的。（原载《北京大学研究所国学门周刊》第二卷第十三期，1926 年 1 月 6 日）

陈先生的著作也深深地打下了这时代的烙印。陈先生在《射与郊》的前言中即言道："本题古今学者间有论涉，作者在此篇中，仅就个人近来所怀一二意见，因利用古文字学的方法与材料，而略有阐发。"从中可见陈先生治学与传统研究的分野。

二十世纪五十年代之后陈先生的单篇著作，收入这本论文集中的主要涉及殷周铜器、战国度量衡、楚帛书等方面。陈先生关于殷周铜器的重要著作，除了已整理出版的《西周铜器断代》专论西周铜器外，《殷代铜器（三篇)》、《寿县蔡侯墓铜器》则是陈先生关于殷代铜器和东周铜器的代表作。

陈梦家先生在《殷代铜器（三篇)》绪言中即提出研究殷代铜器的方法——"研究殷代铜器，可以从种种方面着手，如铜器出土的环境，铜器本身的研究，铜器与同时代其他器物的比较。"陈先生还指出了研究铜器应注意区域、分组、分类等。这不惟对殷代铜器研究有重要学术意义，对整个青铜器研究都具有重要的理论价值。

所谓的《殷代铜器》三篇包括安阳西北岗陵墓区的铜器、殷代铜器的合金成分及其铸造和安阳出土边刃具的重行分析。在第一篇安阳西北岗陵墓区的铜器中，陈梦家先生对西北岗王陵区所出铜器资料进行汇集、整理，进而对铜器的性质、组合等进行了考订，在此基础上对西北岗铜器的特征及年代进行了总结。这项工作不仅重要而且十分必要，因为直至二十世纪五十年代，学术界"至今还不能详明具体的说出殷代铜器的特征是什么，也说不准不同地区所出的殷代铜器有怎样的异同，也还分不大出殷代铜器的早晚"。在第二篇殷代铜器的合金成分中，陈先生结合国外的相关研究和古文献的记载，对殷代铜器的合金成分、殷代铜器的铸造方法等问题进行了系统的讨论。这一研究是国内研究青铜器合金成分和铸造方法的开山之作，此项研究极具前瞻性和开拓性。

《寿县蔡侯墓铜器》则是陈梦家先生专论东周铜器的重要著作。陈先生在文中结合东周墓葬随葬陶器及传世文献的相关记载，对铜器的器名和用途进行了考证，陈先生指出"不同形类的器可有共同的功用"，而同名之器也可以有不同的功用。在对彝铭及相关史实考辨的基础上，陈先生最早提出蔡侯墓墓主应为蔡昭侯申。陈先生在文中还提出"若更详细地研究其铭文、形制、花纹的组合的关系，可以分别为先后年代所铸的"，这一论断对整个东周铜器的研究，都有重要的指导意义。

1959 年武威汉简出土以后，陈梦家先生投入了武威汉简以及居延汉简的整理研究。除了《武威汉简》和《汉简缀述》两部专著外，为了研究的需要，陈先生还广泛蒐集历代度量衡方面的考古资料，特别是对战国秦汉时期的度量衡，重点进行系统研究，《战国度量衡略说》《亩制与里制》即是这方面的重要成果。

值得一提的是，论文集中部分文稿是陈梦家先生生前未曾发表过的。其中有部分文稿经过王世民先生整理业已刊布，如《战国楚帛书考》、《叔尸钟镈考》、《博古图考述》等。《战国楚帛书考》一文，对楚帛书的图文结构、楚帛书与月令的关系及其年代、国别与性质等进行了探索，是楚帛书研究的重要著作，代表了当时楚帛书研究的较高水平。《博古图考述》一文曾于1998年在《湖南省博物馆文集》第四辑上发表，由于种种原因，见者无多。陈梦家先生结合自藏明嘉靖七年蒋旸翻刻至大本《博古图录》，并广稽文献，对《博古图》的版本、书名、修定、编作年代、编撰人，详加考订，提出了独到的见解。

论文集中另有几篇文稿系首次与读者见面，由中华书局编辑部整理，如《秦刻石杂考》、《汉简小学汇考》、《汉代铜器工官》等，另外还以原样扫描形式收入了陈梦家先生自存的《商王名号考》批改本和《〈右辅瑰宝留珍〉札记》手稿。其中，《秦刻石杂考》一文，对《史记·秦始皇本纪》所录《峄山刻石》、《泰山刻石》、《琅琊台刻石》、《之罘刻石》、《东观刻石》、《碣石门刻石》、《会稽刻石》等七种秦始皇刻石的体例、存佚、石形、行款、字径等详为董理，并对《泰山刻石》、《琅琊刻石》、《之罘刻石》（含《东观刻石》）、《峄山刻石》、《会稽刻石》、《碣石刻石》的不同传本、刻本钩稽、考辨，于各石传本之真伪及刻本之时代有着系统的思考和信而有征的论说。《汉简小学汇考》一文，对汉简所见《仓颉篇》、《急就章》等汉代小学著作收集异文，分类汇考，于汉代小学文献研究颇具启益。《汉代铜器工官》一文，通过汉代铜器、漆器题名研究汉代工官制度。陈先生首先依据匠作官署对所见题名进行分类，在此基础上对相关官署、工官进行了考证。文末有三个附录，分别对刑徒充任工官者、武帝前无年号铜器、《汉书·地理志》所记郡国之官，详为汇集并稍加释证。以扫描形式收入的《〈右辅瑰宝留珍〉札记》手稿，对记录

1920 年代宝鸡戴家湾出土铜器的《右辅瑰宝留珍》，作了详细的摘记和简要考述，既因这部照相册亡佚不存而弥足珍贵，又生动地反映了陈先生勤奋谨严的治学精神。

需要指出的是，陈先生生前未发表的著作均系未定文稿，整理过程中也未作更多的处理，其中难免有不完善甚至错误之处，敬希读者见谅。

陈梦家先生早期的研究不仅有重要的学术价值，也是探讨学术史的绝佳史料。这为学术界更加全面地了解陈梦家先生的学术思想、学术贡献、治学方法及相关问题奠定了良好基础。二十世纪五十年代以后，陈梦家先生的治学领域，除了铜器研究外，几乎涵盖古文字学研究的各个领域，如甲骨学、西周金文、东周帛书、侯马盟书、秦刻石等，并对汉简、汉代金文及古代度量衡也作了系统研究，而且在很多领域都做出了重要的贡献，这些成果尽数囊括在这本论文集中。因此，本书也是中国史、考古学、古文字学、博物馆学等相关学科的重要参考书目。

（《陈梦家学术论文集》，陈梦家著，中华书局 2016 年 2 月，280 元）

誉评《中华经典小说注释系列·西游记》

刘瑞明

中华书局 2014 年出版李天飞校注《中华经典小说注释系列·西游记》，令人喜出望外，拜读之后不禁要为它鼓吹称赞。

一

对经史子集的校注，古有"集注"一类，于是不言而喻地求详，求全。古代对小说名著，只有评点而无校注。近代姚灵犀《金瓶小札》专门诠解《金瓶梅》词语，开创小说注解的先河，但那是独立的著作。出版古代小说附带少量词语注解，可以说是新中国才有的，都是随意而蜻蜓点水式的附缀，未曾进入学术研究层面，而本书则可以说进入学术研究层面。因为它自觉地探求《西游记》内容的学术源流。鲁迅称《西游记》是"神魔小说"，笔者以为还不到位，应该精确为"志怪长篇小说"。"怪异"即"荒诞"是它的第一特点，即学术归属。

本书《前言》：读《西游记》"终究有许多问题无法回避。例如书中各种有趣的故事有无原型，各路神仙是什么来历，大量动植物、器物、

038 | 评书论学 誉评《中华经典小说注释系列·西游记》

典制是怎么一回事，诗词歌赋有没有出处，神仙的修炼口诀、法术咒语都是什么意思等"。这话说得非常朴实而谦虚，但从实质来说，正是扣紧《西游记》学术性的特点，对许多具体的神魔主怪问题迎难而上，而发微勾隐。

第一回："化作一个石猴……便就学爬学走，拜了四方。"注："拜了四方：有的哺乳动物初生，有'拜四方'的现象。例如牛羊初生时尚不能站立，故学走时，往往屡屡摔倒，看上去犹如向各个方向朝拜。故民间有牛犊能拜四方的传说。明李一楫《月令采奇》卷四：'牛生则拜四方……此物则因时而报本也。'清张杰鑫《三侠剑》第一回：'羊羔下生，先拜天地，后拜四方，跪倒吃乳，乃为礼也。'"

对须菩提祖师所在的"斜月三星洞"，《西游记》有原注："斜月象一勾，三星象三点，也是心，言学仙不必在远，只在此心。"后再无进展。本书引宋秦观《南歌子》："天外一钩残月带三星。"又引《修真十书·杂著指玄篇·偃月炉图》："三点如星势，横钩似月斜。"探源而及流。

第十五回："这涧中自来无邪，只是深陡宽阔，水光彻底澄清，鸦鹊不敢飞过；因水清照见自己的形影，便认做同群之鸟，往往身掷于水内，故名'鹰愁陡涧'。"注："关于鸟因水清照影而溺死的传说，《太平御览》卷九百十八引《博物志》称：山鸡爱自己的美丽羽毛，常常在水中自照，目眩而不慎溺死。"

对第五回"通明殿"注："玉帝的宫殿。宋王钦若《翊圣保德传》载，宋代陕西凤翔居民张守真有一天朝见玉皇大殿，见匾额上写着'通明殿'三个字，意思是玉帝光明通彻，无所不照。"即宋代已经有此称名，它是由称颂清官的"明镜高悬"而编造的。

第十八回："请下九天荡魔祖师下界，我也曾与他做过相识。"注："荡魔祖师：即真武大帝，《玄天上帝百字圣号》记真武大帝（即玄天上帝)的圣号有'金阙化身荡魔天尊'。荡魔祖师是民间的俗称。宋代以来，真武大帝与天蓬元帅、天猷（一作天佑）元帅、翊圣真君并称北极四圣。故猪八戒称曾与荡魔祖师做过相识。"

第二十六回孙悟空到处访寻救活草还丹的仙方，"瀛洲九老来相接"。注："九老：即九老丈人。《海内十洲记》记：蓬莱山之外有圆海，水黑色，无风而波涛百丈，凡人不可到，上有九老丈人。"

对第十二回观音肖像描写的"面前又领一个……白鹦歌"，注："《杂宝藏经》卷一中有'鹦鹉子供养盲父母'故事，讲述佛前生曾作过雪山上的一只鹦鹉，父母眼盲，鹦鹉便采摘花果谷物奉献父母。后民间遂传说此鹦哥被观音菩萨所收。例如《鹦鸽宝卷》称'小鹦哥敬孝心感动天地，惊动了南海的观音老母，观音佛收鹦鸽莲台座下，叫鹦鸽扁毛虫脱化全身'。"

第三十回："那怪……使个'黑眼定身法'，念了咒语，将一口水望唐僧喷去，叫声：'变！'那长老的真身，隐在殿上，真个变作一只斑斓猛虎。"本书注："黑眼定身法，《万法归宗》卷五记有黑眼定身法，是用泥塑小人一个，辅以咒语，即能使人如立井中，不能移动。此处应即从这类法术中脱胎而来。"

对第十三回的《净身业真言》直接注出具体文字："唵。修多唎。修多唎。修摩唎。修摩唎。娑婆诃。"对第二十五回的"解锁法"注，介绍《道法会元》说法，是用啄木鸟血和朱砂书符。《鬼谷子天髓灵文》的说法，用小儿墓上木，削成七寸三分，藏于五彩衣服内。用手摸门户自开，并能开一切锁。

这样注解是有匠心的。一般的人对所谓真言（即咒语）、法术等会有迷信或神秘感，认为真有什么奥秘。有悟性的读者见了这样的具体文字，可以破除悬念：原来如此，未必有所说的特异神力。这也就是"引而不发"。

二

《前言》:"对《西游记》注释的困难,在于它的知识体系极为广泛,不像文人诗词那么精致,基本从传世文献中就能找到答案。《西游记》涉及的知识,虽然每个部类都不深,却遍及经史子集四部及佛道二藏,甚至还得翻检宝卷、法律文书、建筑、壁画、雕塑等文献。通过注释,恰可以还原《西游记》的知识体系,同时也就是此书作者或作者群的知识面貌,从而把《西游记》还原到历史的一环去,尽可能反映出一个生动的明代社会。"

这是提出了注知识、注文化、注社会。要见树木,更要见森林。我认为是很有见地的方向性的新说。古代的赋连篇累牍地排列同类事物名称,提高了作者的声誉,这极大地影响了后来小说与戏剧的仿效。唐代张鷟《游仙窟》发其端,元剧扬其波,《西游记》可以说是蔚为大观而登峰造极。而这恰是后人知识薄弱之处,本书的注解则迎难而上。

第四回孙悟空任弼马温后到御马监查明本监事务:"有天马千匹。乃是:骅骝骐骥,骎骊纤离;龙媒紫燕,挟翼骕骦;駃騠银騔,騕褭飞黄;騊駼翻羽,赤兔超光;逾辉弥景,腾雾胜黄;追风绝地,飞翩奔霄;逸飘赤电,铜爵浮云;骢珑虎騋,绝尘紫鳞;四极大宛,八骏九逸。"人民出版社本注:駃騠、騕褭、騊駼:古代良马名。

吴承恩是把古代称良马的志怪文学趣难名称汇集在一起了,人民出版社本注却让人误以为除这四个而外,骎骊纤离等其他许多都不是良马名。本书的详注首先总说:"这里列举的,都是古代的名马。"并与周穆王"八骏"、汉文帝"九逸"等一一对应。尤其对很难知道出处的"银骗"说:"银骗"当即银合马,本是一种白马,后在成吉思汗陵作为神物被祭祀(见《蒙古秘史》卷二)。"又对很难知道出处的"虎骝"说:"《蒙古秘史》卷八蒙语'红色'译音为'忽刺',虎骝当即红色的马。元高明《琵琶记》记马的毛色,有'布罕、虎刺'。"

对第十一回"海骝马"注:"一种黄马,蒙语的音译。"第十五回写马具,有"雕鞍采晃㪍银星"句,其中"㪍"字极难理解。注:"㪍,即'鐦(jiǎn)',在铜铁器上镂金银纹,也作'减'。《明英宗实录》正统四年(1439):'减银摺铁刀并鞘一。'夏仁虎《旧京琐记》卷二:'京师工艺有曰减金、减银者,以金银丝嵌入铜铁器者是也。字当作"鐦",读如"减"。汉马融《广成颂》"金鐦玉镶",其字甚古。'"

本书对《西游记》汇集的武器、武术解数、神仙魔怪、动植物、蹴鞠、佛道经卷等都有独到的注解,许多词语的注解都是大有裨益而难能可贵的。

第六回"青庄",人民本注:"指苍鹭,一说'信天翁'。"本书则更详细地引清李元《蠕范·物知》:"鳍:青庄也,信天缘也……"即落实了"庄"字的底蕴。

第六回说,孙悟空被捉住后,"使勾刀穿了琵琶骨,再不能变化"。注:"穿琵琶骨是一种沿用很久的刑罚,用于暂时限制人犯的反抗能力。即用利器在两肩胛骨位置穿透双肩,用锁链等贯穿其中。此处无内脏,也没有重要关节。如此,人犯尚可自行走动,但因疼痛,不能举手发力反抗。多名人犯亦可以此法前后鱼贯串连,便于押解。唐段成式《酉阳杂俎》卷七记唐代丰州一个守烽火台的士兵被党项族人掳到西蕃后,'蕃王令穴(刺透)肩骨,贯以皮索',叫他去放马。明黄溥《简籍遗闻》也记元末明初诗人戴良得罪了明太祖朱元璋,逃走被捉,'锁贯肩骨',最终死于狱中。至于孙悟空被穿了琵琶骨则不能变化,并非是法力失效,而应是其念咒时不能举手掐诀结印之故。"

第二十三回："娘家姓贾，夫家姓莫。"注："暗指这个大户人家本来就是虚假的。贾，同'假'。莫，同'没'。"我们不妨还可以认为《红楼梦》"贾雨村""甄士隐"的名字也是受了《西游记》的影响。

第三回："炮云起处荡乾坤。"注："炮云：即炮车云，一种预示着暴风将来的云。唐李肇《国史补》：'暴风之候，有炮车云。'"

第一回："目运两道金光，直冲斗府。"注："斗府：星斗居住的地方，即天宫。"《汉语大词典》以此例立条："斗府：斗宿星宫。"泛说直射天宫是合宜的，专说直射斗宿星宫则没有事理性。

第三十回："那八个满堂红上，点着八根蜡烛。""那怪……举起一根满堂红，架住宝刀。那满堂红原是熟铁打造的，连柄有八九十斤。"注："满堂红：一种彩绢方灯（据清翟灏《通俗编·器用》）。此当指方灯的铁架。"

第四十二回："行者道：'也不是长斋，也不是月斋，唤做"雷斋"。每月只该四日。'妖王问：'是那四日？'行者道：'三辛逢初六。今朝是辛酉日，一则当斋，二来酉不会客。'"注："雷斋：敬奉雷神的人所持的斋戒，每年雷部辛天君诞辰和每月三个辛日及初六斋戒。俗称'三辛一板，六不御荤'。"又注："酉不会客：《天中记》卷四十四引《典论》称：杜康善于造酒，死于酉日，故酉日有不饮酒会客的习俗。"

三

《前言》："《西游记》直接或间接使用了许多文献，例如《鸣鹤余音》、全真七子的诗词，还有第九十八回所开列的那个荒诞的佛经目等。这方面，柳存仁、曹炳建先生均作过研究。笔者在他们的基础上，尽可能地将其中涉及的文献作些说明。……要知道，一位作者即使下笔千言，他写作的内容终不会凭空冒出来，而必会有原型、素材。搞清楚这些，作者的面貌就会逐渐清晰起来。"例如第八回开篇有《苏武慢》词，最后三句是："那时节，识破源流，便见龙王三宝。"注："这首词出自《鸣鹤余音》，明朝道士冯尊师作。原来的最后三句作'兔葛藤丛里，老婆游子，梦魂颠倒'。"这样的考索比比皆是。

本书的校勘，如第三十二回："摇身一变，变作个蟭蟟虫儿。"注："蟭蟟：古书上称是一种小蝉，又叫'蟭'。按书中所谓蟭蟟，均应作'蟭螟'……《晏子春秋》外篇下十四：东海有虫，作巢于蚊子睫毛之上，而蚊不觉，'东海渔者命曰焦冥'。"第十五回"逾迦"注："应作'瑜伽'。"对第十六回注"娑婆：当作'娑罗'"，对第八回的"乌戈"国，根据《汉书》注"当为'乌弋'"，都是精当的。

金无赤足，玉有罅隙，本书也免不了错误与失疏。

第一回："狲字去了兽傍，乃是个子系。子者，儿男也；系者，婴细也。正合婴儿之本论。"但"系者，婴细也"是不妥的。"细"应是"系"之误，失校。"系者，婴系也"即把"系"用复说的"婴系"来解释（"婴"有缠绕的意思，与"系属"类似），使得"子系"与"婴系"类似，而引出"婴儿"一意。

第三十七回："行者跳将出来，奿呀奿的，两边乱走。"注："形容走路一跛一拐的样子。奿：同'跛'。《集韵》卷九：'跛，蹩（xiè，跛行）行貌'。"但孙悟空不需要一跛一拐的走。他是先变成二寸长的小和尚，藏在装玉圭的匣子里，此时跳出来，正是要引得太子说："这星星小人儿，能知甚事？"所以，那个奇怪的本来没有的"奿"字，应是"矮"之误。失校。

第二十六回："所以阁气。"注："阁气：斗气，怄气。"这是误信了《汉语大词典》"阁气：斗气；惹气"。正是《西游记》此例与第八十三回例。失校。"阁气"应是"合气"之误，双方都生气。《汉语大词典》："合气：怄气；赌气。"引元剧《潇湘雨》、《醒世姻缘传》与《水浒后传》例，此略。第十八回："火眼金睛，磕头毛脸。"注："磕：凸出。"错误，失校。应是"可头脸毛"之误，满头满脸都是毛。

第三十二回："行者道：'你不消说了……我替你说了罢。'八戒道：'嘴脸！你又不曾去，你晓得那些儿，要替我说？'"注："嘴脸：脸面，这里是鄙夷的话，指装脸面。"但这里是孙悟空要揭露猪八戒，而不是孙悟空给他自己装脸。其实"脸"是"敛"的误字。嘴敛，犹如说"住嘴"，是反感孙悟空要揭露猪八戒自己，斥他不要说。又如第七十四回："八戒道：'……满山满谷都是妖魔，怎生前进？'行者笑道：'呆子，嘴脸，不要虚惊！若论满山满谷之魔，只消老孙一路棒，半夜打个罄净！'"也是不要再说怎生前进的丧气话。两处都失校。

本书共有注文 3500 条，几乎每页都有注。有的注文很长，例如第 1097 页系列野菜名注文共千多字。

总之，本书在微观上说，在校和注两方面都有长足的进步；在宏观上上说，用实践启示了古代小说校注应该也可以向高质量，向学术性迈进，突破了蜻蜓点水式注少量词义的格局。文学是语言的艺术，文化的结晶。古代著名小说的语言尤其包含着丰富的语言、文字、文学、民俗等多方面的内涵即学问，应当有与原著并美的高质量的校勘、注解，才无愧于名著。

(《中华经典小说注释系列·西游记》，全二册，李天飞校注，中华书局 2014 年 10 月，80 元)

《文选》学研究的重大贡献
——读《新校订六家注文选》

杨　明

二十多年前，许逸民先生谈到《文选》学的发展，曾设想在文本校勘方面，"比勘众本，详寻异同，并在此基础上正本清源，择善而从，整理成一个定本"①。如今我们终于看到了这样一个定本，那就是俞绍初、刘群栋、王翠红点校的《新校订六家注文选》。

此部煌煌大著，凡六巨册，四百二十万字，由郑州大学出版社出版，自 2013 年起，至 2015 年出齐。俞绍初先生是著名的六朝文学专家，从事"选学"研究数十年，曾担任中国《文选》学会会长。他为了完成这项工程，数年来摒弃杂务，寝馈其中，殚精竭虑，甚至不惜损伤目力，终于完成了任务，做出了重大的学术贡献。这样脚踏实地、献身于学术的精神，实在令人敬佩不已。

《文选》的版本系统甚为复杂。就流传至今的完整的文本而言，大体上可分为李善注本、五臣注本以及二者合并而成的所谓六家或六臣注

① 许逸民：《再谈"选学"研究的新课题》，载《文选学论集》，长春：时代文艺出版社，1992年。

本（五臣注在前、李善注在后者，一般称为六家注;反之，则称六臣注）
这样三大系统，每一系统都有若干种版本传世。当今一般都认为韩国
奎章阁所藏明宣德三年活字本《文选》（系六家注本）最富有学术价值，
因为它所据的底本出自北宋元祐年间的秀州刊本，而秀州本是最早将五
臣注和李善注合刻的本子，并且它所用的五臣注本（刊刻于天圣年间的
平昌孟氏本）和李善注本（刻于天圣明道年间的国子监本）的刊刻年代
也都早于流传至今的其他各种版本①。正因为此，《新校订六家注文选》
选择了奎章阁本作为工作底本。但《新校订六家注文选》并非只是对奎
章阁本施以标点、加以校对、写出校记而已。俞绍初先生在校点过程中，
发现奎章阁本固然胜于其他诸本，但本身也还是有不少问题，它虽是合
并北宋时所刻五臣注本和李善注本而成，但实际上并不能完全反映二者
的原貌。遂决定另起炉灶,以奎章阁本为基础,比对明州本和赣州本（分
别为六家本和六臣本)、尤袤刻本（李善单注本），正德本和陳八郎本（皆
五臣注本），又以《文选集注》抄本、敦煌吐鲁番写本、日本国藏白文
古抄本和三条家五臣注写本以及北宋天圣明道间国子监刊本等残卷参
校，又参考四部书中有关系者，并吸取清代学者的校勘成果，整理出一
个新的本子，以尽可能接近北宋时所刻五臣注本、李善注本面貌为鹄的。
这当然大大加大了工作量和难度，需要极大的学术勇气，付出极为艰苦
的劳动。确实，随着国际间学术往来的发展和获取信息手段的发达，今
日欲看到奎章阁本面貌已不再是很困难的事情，如果仅仅将其加以校点
出版，意义不是很大。而像俞先生这样，既对奎章阁本作一次全面的清
理，又让读者能看到北宋李善注本、五臣注本的原貌，而且由于搜罗校

---

① 关于奎章阁本《文选》，请参阅傅刚：《论韩国奎章阁本〈文选〉的文献价值》，原载《文献》2000 年第三期，
收入作者《〈文选〉版本研究》，北京大学出版社，2000 年，又作为附录载入《新校订六家注文选》。

本完备，诸本异同皆备列无遗，读者能通过校记较全面地了解流传至今的两宋时期众本的情况，可谓一举数得，其学术意义是不可低估的。

关于奎章阁本存在的问题，本书《前言》指出除传写造成的讹脱衍倒之外，尚有类目错误、篇题错误、混淆旧注与李善注（或五臣注）、错移旧注位置等多项。《前言》还说奎章阁本存在自身造成的错误，如善注引《韩诗》，往往被妄改作"《毛诗》"。凡此之类，本书都一一加以纠正。这里只举例说一下妄改出处的问题。如张衡《西京赋》有"天罼前驱"之句，李善注："《韩诗》曰：'伯也执殳，为王前驱。'"，唐写本、北宋本、明州本、赣州本、尤刻本均作"《韩诗》曰"不误，独独奎章阁本改成"《毛诗》曰"。又如班固《东都赋》："丰圃草以毓兽。"善注云："《韩诗》曰：'东有圃草。'薛君曰：'圃，博也。有博大茂草也。'"明州本、赣州本、尤本均不误，而奎章阁本改为"《毛诗》曰"。殊不知《毛诗·小雅·车攻》作"甫草"，不作"圃草"，李善正是为了与正文相应，所以不引《毛诗》而引《韩诗》。而且"薛君"即《隋书·经籍志》所载"《韩诗》二十二卷薛氏章句"之薛氏（《后汉书·儒林传》言薛汉世习《韩诗》，父子以章句著名），李善既引薛君，怎么可能是《毛诗》呢？又《东都赋》云："百谷蓁蓁。"李善注："《韩诗》曰：'帅时农夫，播厥百谷。'薛君曰：'谷类非一，故言百也。'又曰：'蓁蓁者莪。'薛君曰：'蓁蓁，盛貌也。'"诸本不误，而奎章阁本同样将"《韩诗》曰"误为"《毛诗》曰"，其实《毛诗·小雅·菁菁者莪》作"菁"不作"蓁"。这些错误，本书都依据诸本回改，并加以说明。

本书纠正错误时，其校勘工作做得极为细致。试举两例以见一斑；

班固《西都赋》："激神岳之㠍㠍。"奎章阁本李善注引《毛诗》"应门㠍㠍"，而明州本、赣州本及尤刻本的善注均作"应门将将"。表面看来，奎章阁本善注与正文合，其他诸本则不合，但《毛诗》实作"将将"。

本书认为班固作"牄牄"，应是《齐诗》如此。班固习《齐诗》，而《齐诗》早亡，李善时已不可得见，故引《毛诗》，那么善注所引应作"将将"而不是"牄牄"，奎章阁本据正文改善注，不足据。这样考虑、判断，可谓周密。

贾谊《吊屈原文》："嗟苦先生，独离此咎兮。"据诸本判断，应是李善本作"苦"而五臣本作"若"。查检《史记》、《汉书》，知前者作"苦"而后者作"若"。胡克家刻本《文选考异》引陈景云说，以为当从《汉书》作"若"，并推究致误之由，盖以《汉书》颜师古注中有"劳苦屈原"之语，故误以为正文有"苦"字。本书则查检《史记》，发现裴骃《集解》引应劭曰："嗟，咨嗟。苦，劳苦。言屈原遇此难也。"正与天圣明道本旧注引应劭同，故断定李善本及《史记》作"苦"不误。但五臣本实作"若"，故改正文为"嗟若先生"，而在"若"字下依例以小字加注"善本作苦字"。如此处置，亦颇细致。

本书校正底本错讹处甚多，其中颇有关系重大者。

例如关于李善注与"旧注"的问题。李善本《文选》很多篇的注释里有汉晋人的注，俞先生认为，它们不是李善所引录，而是李善所据底本原来就有的[①]，而流传过程中往往发生善注与旧注相混淆的情况。如司马相如《子虚赋》、《上林赋》，注中有司马彪、韦昭、张揖、郭璞等人的注，赣州本在这些人的名字之前都标有"善曰"字样，那就是认为是李善在注释时引录了他们的注。本书校记云《隋书·经籍志》载"梁有郭璞注《子虚上林赋》一卷，亡"，《隋志》云亡，李善当不得见而引之，故这两篇的郭注，当不是李善所引，而是李善所依据底本上原有之旧注，

---

① 　关于《文选》的旧注，参考王德华：《李善〈文选〉注体例管窥》，载《〈文选〉与"文选学"》，北京：学苑出版社，2003 年。

而郭璞之外的司马彪等数家，应该也都是旧注。

如赣州本那样混淆善注与旧注，尚可以通过比勘其他本子加以识别厘清；而本书还指出另一种情况：诸本（包括奎章阁本）都标明了李善注的，有的其实也是旧注，而并非善注。在类目之下，有时有注语，尤其是赋类、诗类的各小类，如赋类的郊祀、耕藉、畋猎、物色、鸟兽、音乐、情，诗类的劝励、祖饯、乐府等，都有注，大多标明是善注（残北宋本、尤本不标善注，但因是李善单注本，读者自然理解成都是善注）。"物色"之下所谓善注云："《诗注》云：'风行水上曰漪。'"本书校云所谓"诗注"与李善引《毛诗传》例称"毛传"或"毛苌诗传"者不类，"风行水上曰漪"又改《毛诗传》"涟"字为"漪"字，因此不可能是善注。本书认为凡类目之下的所谓李善注，均不是善注，也不是五臣注，而是李善所据底本上原有的旧注。这一问题，以往并无人提出质疑。如今本书认为李善例不于类目下作注，这就涉及李善注的体例问题。除类目外，篇题和作者名之下，标明李善注颇多，但有的也非善注。有不少清代学者人士已经指出，认为是后人窜入，或怀疑是五臣注误入，本书则认为也是李善所据底本的旧注。张华《励志诗》题下尤刻本有注，胡刻本沿袭之，其《考异》并未对该注的作者提出异议，也就是说认为是善注，而本书校记指出该注见于俄藏敦煌写本，应亦非善注。篇题下也有本应是善注而脱去李善之名者，本书校记都据他本补入。除篇题、作者名下之外，其他李注与旧注混淆之处，本书都一一加以厘清。

关于李善注的义例，本书指出李善引书往往不是照录原文。卷四十繁钦《与魏文帝笺》的校记云："李善注《文选》以明正文之典实为主，往往节略或改易引书之文，而大体不变其意，类此之例所在多有，不可以原书论其是非也。"卷四十七史岑《出师颂》校记亦云："善注引书，多节略原文，但取其紧要者。"又卷四十吴质《在元城与魏太子笺》校记云："善注引书有不拘语倒之例。"又校记多指出善注引书有改字以就正文之例。这些都是本书校点者校勘《文选》全书得出来的结论，很值得重视。本书校记中总结李善注义例者，尚不止以上所述。如卷四十二曹丕《与朝歌令吴质》书校云："善注引《汉书》凡'×× 郡有 ×× 县'者，'汉书'下例不加'口'字。"亦其中之一。

李善注向来被学者所重视，为校勘、辑佚、考证之渊薮。因此对其加以厘清，总结其义例，具有十分重要的意义。

本书的校勘，很多地方考证史实，指出李善注甚或《文选》本文之误。下面也举一些例子。

卷十一王粲《登楼赋》："倚曲沮之长洲。"李善注："《汉书·地理志》曰：'汉中房陵东山，沮水所出，至郢入江。'"与今本《汉书》同。本书校记据《山海经》、《水经》、《元和郡县志》，并参考杨守敬《水经注疏》，改"东山"为"景山"，云《汉书》"东"乃"景"之形误。赋云："北弥陶牧。"李善注引盛弘之《荆州记》，本书指出善注此节引文错误甚多；李善理解"陶"指陶朱公冢，不如张铣注以"陶"为乡名较为平实。

卷十九曹植《洛神赋》序云："黄初三年，余朝京师，还济洛川。"李善据《三国志·魏志》及曹植《赠白马王彪》诗序，云曹植朝京师在黄初四年，序文有误。俞绍初先生有专文论此事①，以为《洛神赋》与《赠白马王彪》所述离京归国的行程路线、季节天候均不相同，故二者并非同时之作，不得据后者否定前者；而黄初三年曹植等实有在京师受封后归国之事，只是《魏志》失载而已。本书校记即据此驳李善注。

卷二十丘迟《侍宴乐游苑送张徐州应诏》，篇题下李善注云张徐州

① 俞绍初：《洛神赋写作的年代及成因》，载《〈文选〉与"文选学"》，北京：学苑出版社，2003 年；修改后发表于《国学研究辑刊》2004 年第 13 期。

为张谡（当作稷），齐明帝时为北徐州刺史。丘迟名下李善注："字希范，吴兴人。……辟徐州从事。高祖（指梁武帝）践祚，拜中书郎，迁司徒从事中郎，卒。《集》题曰：兼中书侍郎丘迟上。"（按：中书郎即中书侍郎）则丘迟此诗应作于梁时。但张稷为北徐州刺史在齐代，梁时未曾镇徐州，故显然互相抵牾。且诗中有"非亲孰为寄"之句，为徐州刺史者当是皇室中人。故何焯云善注误，五臣是。五臣本题中无"张"字，作者丘迟名下吕向注云梁武帝弟宏为徐州刺史，迟应诏作诗。本书校记引《艺文类聚》所载此诗，题中无"张"字，且同时载沈约同题之作，亦无"张"字，可见题中"张"字当为后人妄加，而李善误信之。校记又云五臣以"徐州刺史"为萧宏，亦不确，因考史未见萧宏有任徐州刺史事。梁天监五年丘迟任中书郎，迁司徒从事中郎，七年卒，其时萧综为南徐州刺史，故所送者应是萧综。题中"徐州"即指南徐州。校记又指出，李善注云丘迟"辟徐州从事"，亦误。《梁书·丘迟传》作"州辟从事"，丘迟乃吴兴人，属扬州，所辟者当是扬州从事，李善肕赠"徐"字以就题耳。

卷二十六任昉《赠郭桐庐出溪口见候余既未至郭仍进村维舟久之郭生方至》有"涿令行春返"之句，善注云："范晔《后汉书》曰：滕抚……初仕州郡，稍迁为涿令，有文武理用，太守以其能，委任郡职，兼领六县，流爱于民。行春，两白鹿随车，挟毂而行。"读之似颇顺畅，其实有脱文。许巽行《文选笔记》指出"流爱于民"后脱去"谢承《后汉书》曰：郑弘为淮阴太守"十三字，盖行春乃郑弘事，任昉此句乃兼用二事。本书校记指出郑弘行春事见范书《郑弘传》"迁淮阴太守"句下李贤注引谢承书；又见于《北堂书钞》、《艺文类聚》引谢承书，但不作淮阴太守，而作临淮太守。又据《后汉书·郡国志》，汉无淮阴郡，有临淮郡，故判定范书《郑弘传》有误。今标点本《后汉书》改为"淮阳太守"，亦未为得。于是据《书钞》补"谢承《后汉书》曰：郑弘为临淮太守"

十三字。此例颇见校勘之精。检王先谦《后汉书集解》，知刘攽已言范书之误，却以为淮阴当作淮阳。惠栋斥其臆说，并据虞预《会稽典录》、乐史《太平寰宇记》云郑弘曾为临淮太守。惠氏所言虽是，但就"行春"事而言，直接据《书钞》引谢承书当然更为贴切。

以上数例，都通过考证史实以纠正李善注之误。那些错处，可能有流传过程中所发生的，但显然也有李善的误注。至于有纠正《文选》正文错误的例子，举例如下：

卷四十二曹丕《与朝歌令吴质书》，本书校记云据《魏志·王粲传》注引《典略》，曹丕作此书时吴质已为元城令，不在朝歌，且汉时朝歌为小县，当称长，不得称令，故"朝歌令"当作"元城令"。

卷四十三赵至《与嵇茂齐书》。题目既如此，而书首云"安白"，安指吕安。其相互矛盾，大约昭明编撰时已然，亦姑存两说之意。盖此书作者与致书对象，向来有异说。干宝《晋纪》云是吕安与嵇康书，而嵇康之子嵇绍明言乃赵至与嵇蕃（字茂齐）书。《文选集注》本《钞》以及五臣注赞同干宝之说，《文选集注》引陆善经注肯定嵇绍之说。李善则并载二说，不作决断。今人高步瀛先生赞同嵇绍说。本书校者检得天津艺术博物馆藏敦煌写本《文选注》，曰王隐《晋书》载，赵至受辟为从事，远适辽东，甚不得志，途中乃为书与嵇蕃，诉其怨苦。唐修《晋书·赵至传》亦同此说。又《文心雕龙·书记》："赵至叙离，乃少年之激切。"又《艺文类聚》引赵至此书，又引嵇蕃答书。据以上数端，可确定是赵至所作。按：今细审其内容、语气，确与《晋书》及刘勰所说吻合。千余年来聚讼纷纷，得本书所校，当可豁然。

卷四十四陈琳《檄吴将校部曲文》："年月朔日子尚书令彧，告江东诸将校部曲及孙权宗亲中外。"此"彧"字，李善、李周翰皆以为荀彧，实误。清人已指出文中涉及史事有发生于荀彧死后者。或疑当作"攸"。

本书指出：作"攸"亦不合，因荀攸乃魏国尚书令，非汉朝尚书令，而本文乃以汉之尚书令声口而为者，且荀攸虽晚死荀或两年，但仍不及见文中所述的某些史实。总之，作"或"固误，作"攸"亦未为得。本书考当时事实，云"尚书令或"当是"尚书令华歆"之误。按：善与五臣都说或为荀或，知其所见《文选》已误。

从上举诸例可知，本书不仅仅停留于一般意义上的校勘精密，而且凝聚了校点者的不少研究成果，因而具有很高的学术价值。在这方面，本书《前言》说到尤刻本李善注与天圣明道本（残本）李善注的差异以及《文选集注》李善注与北宋本李善注的差异，二者都是《文选》学界所关注的问题。关于前者，我们看到，尤本善注与北宋本有所不同，在许多地方多于北宋本，最著名的如曹植《洛神赋》题下，尤本善注引《记》曰云云，言曹植与甄后之事，为北宋本所无。当今学界认为，尤袤所据者，当是天圣明道本以外的别一李善单注本①。本书赞同这一看法，并且提出：在天圣明道本以前，景德至大中祥符间已经刻印过李善本《文选》，藏于三馆，副本则藏于太清楼。后来三馆所藏者因火灾被焚烧殆尽，太清楼的副本又多有损蠹，而天圣明道间重新校理的本子，其底本当正是那个缺损甚多的副本，故多有脱误，而尤本所多出的注文，则可能是源自景德、大中祥符年间刻的那个本子。关于后者，本书云《文选集注》的李善注与北宋所刻本李善注互有详略，但总体而言以北宋刻本为详。看来北宋刻本善注似更接近李匡文《资暇集》所谓"注解甚多"的李善绝笔之本，亦即定本。尤其值得注意的，是《文选集注》中所载《钞》

---

① 见傅刚：《文选版本研究》中篇《〈文选〉版本叙录》论尤刻本一节及下篇《〈文选〉版本考论·论李善注〈文选〉版本》，北京大学出版社，2000年；又见常思春：《尤刻本李善注〈文选〉阑入五臣注的缘由及尤刻本的来历探索》，载《〈文选〉与"文选学"》，北京：学苑出版社，2003年。常文并推测："疑北宋真宗大中祥符年间国子监校刻且覆勘而燬于火之李善本有少量印本行世，尤刻本祖本或即其本。"

和陆善经注，在北宋刻本中却作为李善注出现，且此种情况数量甚多。由此推想，北宋刻本所据的原写本很可能参考过《文选集注》本，并且迻取其中《钞》和陆善经注，或稍加改易，以充善注。可能景德年间第一次刊刻李善本时，三馆臣工见善注有缺，遂取《钞》及陆注附记于旁，后几经传写而误入善注。那么，今日所见之《文选集注》本很可能曾经藏于北宋内府。若再考虑《文选集注》的避讳等情况，还可以推测，该书的编撰或许是南唐人所为。学界对于《文选集注》的研究，尚待深入，其编撰时代迄今并无定论，本书这方面的看法，十分重要而饶有兴味。

综上所述，《新校订六家注文选》确实是一部具有重大学术价值的著作，它的出版，为读者、研究者提供了一个崭新的、尽可能纠正以往诸本错讹的文本，对于《文选》学和六朝文学研究，都具有重要的意义。体现于校勘记中的大量见解，都凝聚着校者的心血。校记中凡校勘依据的资料都一一罗列，也甚便于读者。全书卷帙浩繁，本文不过拈出少量例子，稍作介绍，以期推荐于学界，并借此向俞先生等表示由衷的敬意。

（《新校订六家注文选》，全六册，俞绍初、刘群栋、王翠红点校，郑州大学出版社 2013～2015 年，1176 元）

简评《李开先全集（修订本）》

赵兴勤

　　李开先是明代中叶著名的文学家，他涉猎广泛，诗文兼擅，亦长于戏曲创作。所以，他的文集整理与研究，格外为古代文学研究者所关注。卜键先生研究李开先近三十年，曾出版《金瓶梅作者李开先考》、《李开先传略》等专著，点校《断发记 金丸记》，并发表了一系列有关李氏家世生平的考证文章，可谓创获颇多。近日，继其 2004 年由文化艺术出版社出版的《李开先全集》面世之后，上海古籍出版社又隆重推出了他笺校的《李开先全集(修订本)》(以下简称"修订本")。这部大著的问世，为学界进一步拓展李开先乃至明代中叶的文学研究，提供了极大方便，在李开先文献研究方面达到了一个新的高度。笔者粗览全书，得益匪浅，就其学术价值略申浅见：

一、搜罗完备，体例完善

　　从事某一古籍的整理，既然名之曰"全集"，就必然要接受学界对于"全"的检验。"全集"出版前，只有路工辑校过一部《李开先集》

(1959)。该集分三册，上、中册收《李中麓闲居集》十二卷；下册为"戏曲杂著"，计收传奇两种（《宝剑记》《断发记》）、院本两种（《园林午梦》、《打哑禅》）、散曲三种（《中麓小令》、《卧病江皋》、《四时悼内》）、杂著三种（《词谑》、《画品》、《诗禅》）。经过路先生的努力，使"李氏作品得以较完整的形态重见于世"（《李开先集·出版说明》），这无疑是开山之功。然筚路蓝缕，万般艰辛外亦留下了不少遗憾。卜键先生踵其余绪，经多年努力，于 2004 年在文化艺术出版社推出了《李开先全集》。这个本子相较路工辑本，内容丰富许多，其中散曲部分增出《赠康对山》一卷。《赠康对山》，这是李开先最先创作的一套散曲。此时之康海，年垂六十，博览群书，恃才自傲，"以宋人言为俚，以唐为巧，以秦汉为伯仲"（明·李贽《续藏书》卷二六"文学名臣"），侪辈所为诗文，则不屑一顾，顾则或大加斧削，或斥之为"傍人门户，效嚬而学步"（明·李贽《续藏书》卷二六"文学名臣"）。而偏偏看上了年方三十的青年后生李开先，且对其"文采和才思极为赞许"，引为同调。这则从另一方面印证了李开先的非凡才情和内在魅力。"修订本"将《赠康对山》散套辑入，对于全面理解李开先的性格特点、人生追求，无疑大有助益。对联的撰写，虽说也是雅事，但在"文事中为末技"（明·李开先《〈中麓拙对〉序》，《李中麓闲居集》文卷六），往往是入腊以后，"文人墨客，在市肆檐下，书写春联，以图润笔"（清·富察敦崇《燕京岁时记》）而已。正统文人对其关注度不够。然中麓之对联，乃信口吟出，浑然天成，自有真朴之气充盈其间，依然是窥测其乡间闲居之时复杂心态的绝好素材，值得珍视。至于《改定元贤传奇》收录，使学者得以寓目海内稀见孤本，亦一幸事。同时，也为考察李氏的艺术主张与审美情趣提供了另一层面的佐证。笺校者将开先著作网罗殆尽，似可称完璧，其功莫大焉。

"全"，固然是衡量文献整理类学术著作价值的一个核心指标。"善"，同样十分重要。"修订本"不光搜罗完备，体例上亦较为完善。其内容包括前言、凡例、正文、附录。特别是附录，收李氏传略、叙论、题跋、曲评、年谱、族谱、唱酬，并选录了整理者的相关论文，堪称一部缩微的《李开先研究资料汇编》，加上颇具文采的"前言"，使读者得以明晰李氏生平及交游情状。

二、时有超越，后出转精

说"修订本"后出转精，主要包含两个层面的意思：

其一，是相较路工的《李开先集》，《李开先全集》在四个方面形成了突破：一是搜罗完备，增补作品多种，体量上增加了近 400 页。二是体例完善，附有珍贵研究资料若干。三是避免了路校本的疏失。如路校本将原钞本次序打乱，重新编排，使人难识原钞本之庐山真面目。刻本所收李开先以他人名义写的序文，题下时有小注，而路校本或径删小注，或尽弃全文，给研究带来了困难。而卜键校本，则在努力保持其原貌的基础上，精心作了标校。四是其精到的笺注。以《李中麓闲居集》为例，差不多每一篇诗、文后，都附有其笺注文字，或为其编年，或考订诗中风俗、地理，或述作品诞生的背景及流传情况，并逐一交代文献依据。对于出现的人物，则简述其生平及与开先之交往，并列举前后相关诗文之证据。其中一些细节问题的解决，看似无关大雅，其实却往往是研究作品内容的关捩所在，要耗费大量时间和精力，非苦心孤诣钻研则难以办此，然于读者却惠莫大焉。

其二，是相较笺校者自己的《李开先全集》，"修订本"更加精审、完善。平心而论，《李开先全集》的学术贡献虽然有目共睹，但由于笺校者承担大量的行政工作，虽然政务之余辛苦校对多次，但毕竟时间、精力有限，手民之误仍时有所见，如"关雎"误作"关睢"、"陆贽典"误作"陆贴典"、"特出"误作"特殊"、"秦嬴"误作"秦赢"等。鱼鲁亥豕难免，在个别剧目的点校上也偶有错舛。明人黄淳耀在《答金孝章书》一文中谓："昔人谓校书如落叶，扫而愈有，则知勒成一书，尤难尤难也。"（《陶庵全集》卷二）完全避免此类错误，说来容易，实则"尤难尤难"。人云"十年磨一剑"，"修订本"距《李开先全集》的出版，前后恰为十年。十年间，笺校者就像教育子女成长一样关注着这部书，悉心改正"孩子"的每一个缺点。改写了《前言》，使内容更为丰厚、饱满；补写了遗漏的《闲居集》提要，使读者对这部书能有一个直观的了解；调整了原版误置的《改定元贤传奇》各剧顺序，恢复了文献原貌。如此等等，均使"修订本"较前作在学术质量上更上一层楼。

三、文史兼善，文心如丝

笺校者于该书前言及提要部分，写得相当精彩。在原本的前言中，有几段详细解读《宝剑记》内容的文字，此次"修订本"，笺校者进行了大幅度改动。其站在历史文化的角度，对戏曲中林冲这一人物形象作了更为精到的诠释，还就林冲形象的"异化"与剧作者创作心理的内在联系，发表了很好的见解。中麓的《画品》，历来评价不高，而笺校者却发现，所谓品题画作，不过是"移情化郁"（"修订本"页1657）之手段。在笺校者看来，《卧病江皋》之组曲，作者之所以选用同韵且限字这一外在形式，意在"强化着社会不同层面的不同作为"（"修订本"页1423）。《打哑禅》院本，被前人讥为"仅可供笑谑"，笺校者却指出，该剧"将经典与市井打诨成一片，让市井之语胜过庙堂言论"，"具有着很强的平民色彩"（"修订本"页1394）。如此之类甚多，可谓妙语连珠，一语中的，言简意赅，启人深思。

"修订本"问世时间不长，已在学界产生积极影响。日前，由上海古籍出版社、上海古典文学学会主办的"《李开先全集》专家研讨会"在沪召开。黄霖、董乃斌、孙逊等与会专家对"修订本"的出版给予高度评价，认为"必将对明代文学史研究乃至中国通俗文学史研究产生促进作用"。笔者有理由相信，"修订本"的出版，当会使海内外的李开先研究达到一个崭新的学术高度。

（《李开先全集（修订本）》，全三册，李开先著，卜键笺校，上海古籍出版社2014年2月，298元）

《周汝昌序跋集》

周汝昌著，周伦玲、周月苓编，中华书局2016年1月，198元

本书收录著名学者、红学家周汝昌先生所作序跋文字170余篇，写作时间跨越七十年，内容涵盖红学、诗词、古典小说、书法绘画等方面，集中展示了作者在学术专著与论文、随笔写作之外的研究与思考，记录了周先生的学术研究历程，亦具有学术史意义。

（田 园）

基于文化传统构建当代文论体系
——读《中国小说写人研究》

刘正平

　　自鲁迅先生《中国小说史略》以来，中国小说研究取得了较为斐然的成绩。然而不可否认的是，许多小说研究还是基于西方文艺理论，尤其是西方叙事学更成为某些研究中"西体中用"的重头戏。事实上，中国小说自有本民族鲜明的特色，任何西方文论体系的生搬硬套都不可能解决根本问题。近年来，不少学者已经开始反思，并力求用重新架构的中国本土文论研究中国文学。李桂奎先生的《中国小说写人研究》（生活·读书·新知三联书店 2015 年版）就是这样一部在中国文学研究中注重本土化与自主性的力作。

　　作者在《中国小说写人研究》的引论部分谈到了当今中国文学写人研究所面临的困境，尤其指出了依靠西方舶来理论研究中国古典小说难以为继。为了突破这种困境，摆脱那些老套陈旧的"人物描写"、"人物塑造"等话语，该书运用跨文化、跨学科、跨文类、跨文本等"跨界"研究方法，通过对以传统小说为主的中国古代文学文本及相应评点理论的阐释、还原、整合和新探，"试图构建一套本土化、自主性的'中国写人学'理论体系"。同时，该书结合传统"阴阳"、"刚柔"学说，运用当下相互关联的"角色"、"性别"等理论方法，以传统"形神"相对论等写人理论话语为基础构架，从"拟画批评"和"拟剧批评"两个维度，将人物分析与写法研究结合、文论引发与文本归纳并行，向我们展示了一套具有中国特色的文艺理论。该书整体构架谨严，体系性强，分为"理论整合与体系新建"、"拟画维度与跨界通解"、"拟剧维度与角色阐释"三卷。第一卷主要论述了中国写人理论的历史演变及其现实背景，在提炼出"拟画批评"与"拟剧批评"两个特征的基础上，将一个长期被忽略了的写人范畴——"态"引入现代写人理论，从而与"形"、"神"一起构成"中国小说写人学"的理论基础；第二卷以传统"画论"为逻辑起点，依据南齐谢赫关于绘画的"六法论"等绘画理论观念，从"应物象形"、"随类赋彩"、"曲尽其态"、"活画性情"、"心态外化"、"经营位置"这六个层面对中国文学"写人之道"与"写人之术"进行了"拟画批评"；第三卷从"拟剧"维度出发，运用当下相互关联的"角色"、"性别"等理论方法，重在探讨中国古代小说写人文本之"角色功能"与"性别意蕴"，从"写貌开相"、"因人设色"、"姿态追摄"、"语求肖似"、"代人立心"、"中人性情"六个层面，具体探讨了中国传统文学的写人规程和方法，尤其重点阐释了基于传统文化的角色塑造及性别摹绘等一系列问题。其逻辑之严密，分析之深刻，视野之宽广、特色之鲜明，足可与姹紫嫣红的中外"叙事研究"争奇斗妍。

在拜读《中国小说写人研究》这部研究论著之后，我最深的感受莫过于其对蕴含在写人文本中的中国传统文化的意蕴了。作者认为，在中国，写人传统从来不仅不弱，而且文化底蕴还特别丰厚。正是这种丰厚的底蕴使得小说研究必须进行"跨界"讨论。传统小说"文备众体"，史才、诗笔、议论等各种文类兼善，文法、诗法、画法、剧法等各种技法兼容,故而批评家们有充分条件顺手拈来评说其他文类的术语。同时,后人评说小说叙事写人之技时将其比附为文法或画法,出现了如金圣叹这般"通才"小说理论家。于是,以针对叙事、写人为主的传统小说文本批评便带有鲜明的"跨文类"借镜性质。全书不仅注重总结归纳带有经验性的写人技巧,而且还注重从中国人文化的根源上去追溯,因而做到了每一条理论的提出与阐释都有理有据,表现出作者深厚的传统文化功底。如在阐释"应物象形"时,该书从中国"取象比类"的原始性思维来解释,引用《周易·系辞下》所言:"古者包牺氏之王天下也,仰则观象于天,俯则观法于地,观鸟兽之文与地之宜,近取诸身,远取诸物,于是始作八卦,以通神明之德,以类万物之情……"指出这种"观物取象"的记载就是我们的祖先认识大千世界、人间万象的方法。而创作八卦的过程就是"以我观物,以物观我"的过程,"观"的同时还需要"比"。在谈到"比"时,该书虽然借用了维柯的《新科学》等一些西方文论,将其解释为"抽象形式形象化",但具体意象探讨又转向中国传统文化。如用"蛾眉"、"剑眉"写眉毛,用"目如秋水"、"目若朗星"写眼睛;以及写人体其他部位所取之"象",无论是各式各样的花草树木,还是各种飞禽走兽,抑或是日月山川、变化多端的自然景观,甚至是地貌,这些纷繁复杂的喻象均可以归结到传统"应物象形"上去。由此得出结论,尽管有的喻象因过于具象化和熟套化而失去了可想象的空间,但其文化底蕴依然存在,故而盛传不衰。

阅读该书的惊喜还在于,它的每一个主题往往牵扯到许多文化现象和文化因子,而不是仅仅满足于个别孤立文化现象的呈现和简单分析。如在论及"猛兽比拟"和"感生异象"后,笔锋一转,从另外一个角度着力,谈到了相学,真是一道文化链接着另一道文化。就"相学"而言,它作为中国古代一门源远流长的玄秘学问,从《周易》起底,与后面的阴阳五行、道教方术的发展交糅并杂，甚至与儒家也是分不开的。从"相学"的角度分析"动物比拟"写人的理路和功能，可以牵一发而动全身，文化特性、人物心理，作品里的人物设定、情节推动、故事发展都可以拎出来。本书主要讲到了相里所蕴藏透露出的命运和德行密码，即一个人的命运好不好、道德品行坏不坏，都可以从相里看出来。由此见出其思路之开阔和敏捷。当然，联想到中国文化特性，我的感觉是，"相"透出命运走势，跟周易、阴阳等学问有直接关系；"相"透出的德行密码，跟儒家思想有关。继而，该书论述与"应物象形"相辅相成的"随类赋彩"，指出它主要基于根深蒂固的"五色"文化传统。所谓"五色"是指"青黄赤白黑"，"五色"又对应着"五时"（春、季夏、夏、秋、冬)、"五方"（东、中、南、西、北)、"五行"（木、土、火、金、水）等等。而"五色"描写的修辞性也是追溯到一些神话原型，它所表现出的一种特殊的巫术意义和宗教意蕴，随着历史的积淀，与世俗伦理相结合，不断地得到丰富和扩充，最终形成一套对人物服色和肤色进行修辞的文化象征系统。这使得我们从人物的服色和肤色中不仅看到了千变万化的特点，还有美丑、善恶的分别，不仅能看出人物身体的健康与否，甚至于可以判断他们的身世和命运。如在小说描写肤色时，"黑"与"白"就有迥然不同的效果，中国人的审美观向来大致是以白为美的，正所谓"一白遮三丑"，"喜白恶黑"的审美观念，这使我们在描写美女时常常选取跟"白"有关的物象，如"冠玉"、"凝脂"、"冰雪"等，而写丑女则用"黑面"、"皮肤若漆"、"黄头黑色"等来形容。"随类赋彩"运用到服色上更是五花八门，如三国戏中，常常通过不同颜色的戏衣来暗示人物的地位，在"红尊绿卑"的文化观念之下，刘备常穿红色的衣服，而一袭绿袍则成为关羽的象征。除了表示尊卑，还可通过服色来暗示人物的性格，如喜穿淡色衣服的人可能性格淡薄内向，而喜穿颜色鲜艳衣服的人可能性格张扬一些。当然颜色的丰富程度还有赖于纺织染色技术的发达，色彩的种类增加了，可用来描写人物的素材也就更加丰富了。

再说，作者在总结归纳传统写人中的性别意蕴时，借助"拟剧批评"思维，而基于传统文化中的"阴阳"、"刚柔"学说。如在"写貌开相"部分，他认为在描写男性化的躯体时，常常用动物来比拟，给人强壮的感觉；描写女性化的躯体时，则多用植物来比拟，塑造一种柔弱的形象。这样的区分，其实是中国古代男尊女卑社会存在的男性霸权话语的体现，女性被当作男性的附属物，是可被赏玩的"尤物"。在"因人设色"这一章，我们知道不同的颜色表达不同的意蕴，但同一种颜色修饰男性或女性的频率不同，代表的含义也常常不同。如"白衣"、"红裙"分别代表女性的"冷艳"和"秾艳"两种审美品位；而男性人物身着白衣，大多不是标识人物的美感，而是表明人物的身份，或是渲染人物的气势，喜欢穿红着绿的男子可能带有女性化的特征或是喜爱女性。"红"、"绿"这样色彩浓烈的颜色大多被用来描写女性，如"红颜薄命"、"红袖添香"、"偎红倚翠"等等，"黑"则多用来渲染出男性的力感。因此，在"因人设色"的过程中也基本立足于男性的审美视角，用夺人眼球的颜色来修饰女性，也反映出男性在此过程中对女性的赏玩态度。

特别值得称道的是，该书重点阐发了"态"这一范畴。在中国文学的长河中，这一范畴一开始多被用来描写女性的美丽姿态，后来《闲情偶寄》给予较多的阐发和总结。在具体探讨人们熟视无睹的这一文论范畴时，作者指出，中国文学人物的姿态设计常常与戏剧动作程式设计互渗。人物的"坐姿立态"和"行姿步态"也蕴含着鲜明的性别意蕴。在中国文化传统中，男性以阳刚为美，女性则以阴柔为美，在身态造型上则表现为"壮姿"和"娇态"。男女有别，如在步态上，男性以"健步"、"阔步"为主要行为规范，女子则以"细步"、"莲步"为美；在笑声的描写中，男性多为"朗声大笑"，而女性的笑容则可以是"媚笑"、"娇笑"、"含羞一笑"，总要达到柔弱、惹人怜爱的效果。在具体论述男女心态描写的性别差异时，该书注意从传统文化观念，乃至传统俗语生发命题，如论男女情感描写，抓住"痴情女子薄情郎"的基调；论男女心态描写，抓取了"狂放"与"娇羞"、"多疑男子性"与"最毒妇人心"、"性贪惧内"与"妒忌狠悍"等错位性的民族伦理心理来比较分析。论男女脾气描写，分别从"英雄气"与"儿女情"、"火性"与"水性"、"大脾气"与"小性子"等层面立意。这些观点和论述，都立足于传统文化。

当然，该书有些问题还可以展开研究。如我们通常所谓的"相"又分为面相、骨相和心相三种。对于这三者，本书并没有过多阐发，关于"心相"只是简单提了下"人物语言和声音是窥探人物心相的主要依据"。我读时确实感觉比较模糊和迷惑，没太懂骨相和心相是指什么，与面相又有什么区别。如果本书对诸如此类的概念、范畴作进一步阐发，效果应该会更好。

总之，《中国小说写人研究》注意通过话语还原、重新整合以实现理论创新。在理论创新过程中，既注意文本分析，又注意文化阐释；既善于借助西方文论生发观点，又扎扎实实地立足本土文论。读罢李桂奎先生这部论述阐发中国自主性、本土化"写人"理论的大书，我们对于构建属于中国本土化的文艺理论体系便更有信心了。

（《中国小说写人研究》，李桂奎著，生活·读书·新知三联书店 2015 年 4 月，72 元）

中古宗教文献语言比较研究的力作
——《东汉佛道文献词汇新质研究》评介 *

刘祖国

众所周知，宗教文献因其较强的宗教色彩，迥异于一般文献。然而，万变不离其宗，它总要以一定的语言文字为载体，故其与非宗教文献亦有着深刻的内在联系。以中国道教为例，"道教在社会上广泛流传，形成了一个有特定文化背景的社会集团，并且进而形成了一个特殊的交际社团，有了自己的用语特色。道典中所保存的道教用语材料，作为一个特殊社会团体的用语，既与一般汉语有所区别，又与一般汉语有密切的联系。它以一般汉语为基础，在相当程度上反映了一般汉语的面貌；同时，又发展出了具有个性的部分，并且反过来影响全民用语，部分道教用语通过与其他语言社团的交际，渗入到全民用语中。因此，保存在道教文献中的用语，是古代汉语的一个组成部分，是汉语发展的历史资料中不应忽视的部分"①。当前的古汉语研究，对宗教文献开发利用还不够，以辞书编纂为例，《汉语大词典》等大型语文辞书在引证方面对宗教文献采用不多，道教文献引例更是少之又少，据叶贵良先生研究："《汉语

---

① 俞理明、周作明：《论道教典籍语料在汉语词汇历史研究中的价值》，《绵阳师范学院学报》2005年第4期，第1页。

大词典》指出的'道家语'或'道教语'的词不及'佛教语'的十分之一。"①
在这样的大环境下，必须加强宗教文献语言研究，尤其是道教文献语
言研究。俞理明、顾满林著《东汉佛道文献词汇新质研究》（商务印书
馆 2013 年，下文省称《研究》）作为宗教文献语言研究领域的最新成果，
首次对东汉佛道文献词汇新质进行了全面系统深入的研究，填补了相关
学术空白。通读过后，可深刻体会到该著作主要具有以下五个显著特色。

第一，立意新颖，佛道语言对比，堪称首创。

"'道经之作，著自西周，佛经之来，始乎东汉。'可见道、佛的产
生与传入，具有悠久历史，对汉语的影响是相当深远的"②。宗教文献
语言的研究，相比其他文献，对研究者的综合素质有着更高的要求。目
前的宗教文献语言研究主要集中于佛经，仅专著已有数十部，在学界影
响较大的如朱庆之《佛典与中古汉语词汇研究》（文津出版社，1992 年）、
俞理明《佛教文献语言》（巴蜀书社，1993 年）、李维琦《佛经词语汇
释》（湖南师范大学出版社，2004 年）、方一新等《东汉疑伪佛经的语
言学考辨研究》（人民出版社，2012 年）等。与之形成鲜明对比的是道
经语言研究的冷冷清清，葛兆光先生指出："道教语言就像古代的鼎一
样，总是有绿锈的，看起来斑驳古奥，也像错金壶一样，总是有意弄得
很繁复，装饰性很强，可是现在还没有深一步的研究。现在据说是语言
学的时代，语言分析是很流行的方法，可是放着这么一个有意思的课题，
没有人去做，不是太奇怪了么？就连一部好的道教词典，现在也还没有
呢。"③萧红先生认为："现有的道教词典所释多为道教专门用词，对于

---

① 叶贵良：《敦煌道经写本与词汇研究》，成都：巴蜀书社，2007 年，第 53 页。
② 王云路：《百年中古汉语词汇研究述略》，《浙江大学学报》2001 年第 4 期，第 58 页。
③ 葛兆光：《关于道教研究的历史和方法》，《中国典籍与文化》2003 年第 1 期，第 83 页。

道教文献中的普通用词收释很少。"①可见，当前的道经语言研究亟待加强，任重而道远。

道教作为中国土生土长的宗教，道书中可供发掘的东西非常丰富，其重要性决不亚于佛教，甚至更重要。四川大学俞理明教授是国内较早专门从事道教文献语言研究的学者，其以《太平经》为中心发表了一系列重要成果②。他对佛经、道经语言有着扎实的前期研究，所以能够凭借其独到的学术眼光，别出心裁地抓住这样一个独具价值的选题，把东汉佛道文献放在一起进行考察，堪为首创。胡敕瑞《〈论衡〉与东汉佛典词语比较研究》（巴蜀书社，2002 年）是对汉译佛经与中土文献语言进行对比的一部力著，而俞著将这种比较进一步推向深入，第一次全面地比较了佛道二教的文献用语。比较是学术研究的基本方法之一，语言方面的比较可发现语言现象的同中之异与异中之同，有利于发现语言内部的一些深层内容。实践证明，《研究》的这次尝试非常成功，取得了前所未有的收获，得出了很多极具价值的结论。更为可贵的是，此书提供了一种全新的研究思路，开辟了一个新兴的研究领域，填补了相关研究空白。

第二，结构合理，论述全面，客观描写了东汉佛道文献的全部词汇新质。

《研究》一书的章节安排很有特色，作者在谋篇布局上应该是好好下了一番功夫的。首先在"绪论"中，分析了东汉佛道文献各自的语言面貌，涉及词汇的一些语用问题，交代了本书的描写对象、角度、原则等，

---

① 萧红、袁媛：《百年中国道教文献语言研究综述》，《武汉大学学报》2013 年第 4 期，第 72 页。
② 刘祖国：《汉语学界道经语言研究的回顾与展望》，《汉学研究通讯》2013 年第 3 期，第 11 页。

开宗明义，为正文的展开作了较为周密的铺垫。第二章"名物篇"解释了七类称述各种具体和抽象事物的词语的意义用法。第三章"行为篇"胪列了六类表示人或事物行动变化过程或存在状态的词语。第四章"性状篇"阐释了包括表象、性状、类属、数量、时间、范围、程度等方面的性质状态词语。第五章"东汉佛道文献词汇新质分析"是对描写结果的纵深分析，包括词汇新质的总貌、表义情况、意译词，从社会文化背景角度考察了东汉佛道文献词汇的社团特点，并以东汉佛道文献词汇新质为依托，重新审视了汉语词汇的复音化问题。

"东汉时期，神学经学走向衰弱，谶纬迷信泛滥成灾，儒学的统治地位受到打击；与此同时，则是具有划时代意义的佛教的传入和道教的兴起。凡此，都给词汇的发展带来了巨大的影响，表现为新词新义的大量产生"[1]。新词新义是词汇发展的主要方面，是汉语断代词汇研究以及词汇史研究的重要内容。《研究》紧紧抓住东汉佛道文献中的词汇新质这一主题，用三章的篇幅进行了穷尽性的逐词展示。本书没有止步于对词汇的简单描写，第五章从共时和历时两个角度作了进一步的纵深探讨。读完全书，一个比较清晰的东汉佛道文献词汇新质概貌显现在我们面前，相信不同类型的读者都会有所收获。书后还附有词目索引，便于读者查阅，增强了本书的实用价值。可以说，全书内容充实，淹贯精审，胜义纷陈，对东汉时期佛教道教文献词汇的新质进行了全景式的描写陈述。

---

① 方一新：《东汉语料与词汇史研究刍议》，《中国语文》1996 年第 2 期，第 140 页。

第三，视野开阔，宏观理论研究方面多所建树。

在语言的三要素中，词汇因其成员数目众多，其系统性、规律性不甚明显，相比语音和语法，在研究时面临诸多困难。词汇常被分为基本词汇和一般词汇，这种区分过于粗略，不易说明词汇内部构成的复杂性。俞先生在汉语词汇学领域耕耘多年，曾发表《东汉佛道文献词汇研究的构想》（《汉语史研究集刊》2005 年第八辑）、《词汇历史研究中的宏观认识》（《江苏大学学报（社科版）》2008 年第 3 期）、《词汇描写的思路和方法》（《汉语史研究集刊》2013 年第十六辑）、《词汇的分层及其周边成分》（《苏州大学学报（社科版）》2014 年第 1 期），逐渐提出并深入论证了其独创的四层次分类法：①基本层，指那些长期稳定而普遍使用的词汇成分；②通用层，指那些当时普遍使用而未经过历史选择的，或长期使用但不太普遍的词汇成分；③局域层，指那些在某些语言社团内使用而缺乏全民普遍性的词汇成分；④边缘层，指即使在特定社团中也缺乏基础的词汇成分。《研究》以词汇的局域层和边缘层为主要研究内容，详细描写了东汉佛道文献中的词汇新质。

以往对词汇材料的描写，多从词语结构、词性、词语长度、语音、语素、行业等角度进行分类，作者认为这些处理方式都或多或少地存在某些不足，不太适合用来分析东汉佛道文献词汇的新质，指出词汇研究需要具备一个整体意识，尝试寻找一种既能够全面系统地反映词汇内部的联系，又区别于语法分析的方法。在这方面，现代汉语方言词汇调查研究中，按意义分类的方法值得借鉴。受此启发，《研究》立足于人本的角度，以意义为线索，根据由近及远、由实到虚、由显入微的原则，结合文献中的用词特点，将词汇分为名物词、行为词、性状词三大类。各类内部又按意义再作区分，如第二章"名物篇"下辖七节：人物神灵、人体寿命、生物食品器具财货弃物、天文地理处所方位、智能意念、社会事物、称代指示，每一节还可细分，如"人物神灵"中又分为六种：人物品类、亲属友邻、君臣主仆、具有某种技艺职业行为的人、宗教人物、神灵精气。《研究》的这种分类层次清晰，秩序井然，可谓构思巧妙、匠心独运。该书所采用的这种词汇描写方法，是一种无遗漏的全面的陈述，弥补了以往带有任意性或选择性的部分陈述的不足，具有十分重要的方法论意义。

第四，描写与解释相结合，丰富了汉语历史词汇学的成果。

中国传统语言学研究呈现出重事实轻理论，重描写轻解释的倾向，不少研究都只是在作静态的描写，虽已有不少学者指出了这个问题，并作出了成功的探索，如董秀芳《词汇化：汉语双音词的衍生和发展》（初版，四川民族出版社 2002 年；修订本，商务印书馆 2011 年），但要想彻底扭转这种状况，绝非一日之功。以前的词汇研究多为零散的词语考释，或随机的抽样调查，这种研究具有很大的随意性，其结论的科学性也会大打折扣。《研究》把从东汉佛道文献中切分出来的全部词汇新质作为研究对象，作共时平面的静态描写，展现了东汉时期佛道文献词汇新质的整体全貌。《研究》采用严格的描写方法对东汉佛道文献词汇新质展开研究，重点搜集这一时期出现的新的词语形式和词语的新的意义，分为名物、行为、性状三大类，考察词义，分析义项，词目以意义为单位分列。对兼类词，主要根据词语的核心义素确定其归属；某些在分类系统中无所归属的，根据其意义相关性附在某一类别之后。

本书第五章"东汉佛道文献词汇新质分析"是对描写结果的理论分析，发现了一系列蕴含在材料深处的规律，令人耳目一新。东汉佛道文献词汇的创新程度如何，《研究》发现"在 4749 条东汉词汇新质中，见于佛经而未见于道经的有 2351 条，见于道经而未见于佛经的有 2071

条,佛道文献共现的 327 条,佛经中的新质比道经高出 11.68%"(384 页)。东汉佛道文献词汇新质的继承性如何,从源流关系的角度来看,"旧词新义有 888 条,新词新义 214 条。老新词 716 条,新新词 2931 条"(385 页)。佛道二教文献词汇新质与全民用语的共时关系又是怎样的呢?《研究》指出"佛经中的新新词不仅数量高于道经,与中土非宗教文献用词的密切程度也略高于道经,佛经与其他中土文献共现的新新词,主要是与佛教专门用语无关、表达公共概念的用语"(386 页)。总之,东汉佛道文献的许多词汇新质是有历史根据的,其基础是汉语的通用成分,具体到语素层面,构成新兴复音词的主要是旧语素。"从社团角度看东汉佛道文献词汇新质"是特别引人瞩目的一节,显示了作者对这一问题所作的深入思考。佛道文献用语之所以多有差异,主要是由以下因素引起的,即"文化背景不同、思想观念和关注焦点不同、认识的变化、表达习惯不同、传道说法中涉及非宗教内容、佛经原典语言的影响"(387 ~ 393 页)。书中分析了词汇新质的形义关系,"对已有事物的认识改变和概念表达的创新,在词汇变化中所起的作用,远远大于新事物表达方面的需求"(396 页)。词汇的发展变化是不平衡的,有些概念场较为活跃,能产性较强。从语义分布特征来看,人物、方位处所、来往起居、思想心理、话语言说、数量时间等义类产生了大量词汇新质,反映出东汉佛道文献词汇新质以一般词语为主的事实,宗教因素的影响是间接的(396 ~ 402 页)。《研究》还讨论了词汇新质的同义关系,指出同义形式数量的多少与宗教社团的关注焦点密切相关,多数新质表达的并非新概念,而是旧概念的形式翻新(407 页)。可以说,全书既有详细的共时描写,又有深入的理论分析,贯彻了描写与解释相结合的原则,为此项研究树立了典范。

第五，善于反思，对不少问题提出了自己的独立思考。

作者提出了不少以往研究所忽视而又值得注意的重要问题，颇具启发性。如词汇的复现率和分布面问题，"复现率反映词汇成分的活跃程度，但受行文的影响，有些词汇成分的复现有偶然性，比如相同的话反复地说而出现的复现，并不足以反映它的活力，据此得到的数字统计，可能给人误导。因此，词汇个体的分布面，即在不同文献中出现的情况，更能反映使用的普遍性"（21 页）。基于此，作者在对词汇新质进行综合考察统计时，对新质作了多角度的分类，"无"表示没有佛道以外文献的佐证，"有"表示有佛道以外文献的佐证，"旁"表示虽无佐证，但有同源的材料；"佛"表示使用于佛经而未见于东汉道经的词语，"道"表示使用于道经而未见于东汉佛经的词语，"佛道"表示东汉佛经道经中都使用的词语。可见，词的使用率是判定词语活力的重要依据，但考虑到具体使用中的各种因素影响而导致的偏差，对词的覆盖率同时进行调查，可保证研究结论的客观与科学。

作者对一些热点问题亦提出了自己的新见。如学界热议的词汇复音化问题，《研究》发现在词汇新生层面，复音形式数量已经达到单音形式的 7 倍，占了绝对优势，但其中不少使用频率极低，有的甚至找不到第二个用例。复音形式的急剧增多，并没有使单音形式衰落到无足轻重的地步，相反，"通行度高的词汇新质中单音比率高，通行度低的词汇新质中复音倾向严重"（409 页）。"单音形式的高复现率和多义性，表明在复音化来临之后，单音形式仍是词汇中不可忽视的部分"（412 页）。这些发现也得到了其他学者的相关证实，如台湾东海大学周玟慧助理教授认为："综观双音组合比例和样式，中古时期双音化仍处于兴起发展阶段，双音组合处于自由组合阶段，样式众多便无法定于一尊，也因而无法取代单音词地位，是以中古时期仍以单音词出现比例较高。"①这说明，不能简单地以单复音词的数量为标准来谈复音化问题，词次、词频、多义性、复现率、分布面等也应成为衡量复音化的参考指标。东汉佛道文献词汇的复音化程度虽已相当高，但单音词仍具有重要的语用地位。

任何事物都难以十全十美，无庸讳言，本书也存在着个别可商之处，但这些小疵不会掩其大醇。如 324 页"不调匀"条似与全书体例不合，书中以词立目，讨论的对象是词，"不调匀"为短语，可删掉"不"字，立为"调匀"条，置于 322 页与其他含语素"调"的词目并列。《研究》在释义方面值得称道的是同时注明其他学者的相关结论，但个别词语在释义出注方面尚可补，如 74 页"蚑行"条，连登岗《"蚑行、跂行"释义析》（《辞书研究》2004 年第 3 期）有详细论述；330 页"乙密"条，学界看法不一，王云路《〈太平经〉词语诠释》（《语言研究》1995 年第 1 期）解作"细密，仔细"，连登岗《释〈太平经〉之"贤儒"、"善儒"、"乙密"》（《中国语文》1998 年第 3 期）释为"隐密"，真大成《再释"乙密"》（《汉语史研究集刊》2010 年第十三辑）认为《太平经》中的"乙密"是道行中语，指"精微玄妙"，史光辉《"乙密"补释》（《贵州文史丛刊》2011 年第 4 期）同意王说，不认同连说，亦解作"细密，仔细"，这些资料皆可补充参考。另外，本书穷尽性讨论了东汉佛道文献的所有新词新义，若能在每个词目后标注出现的次数，那么其学术和应用价值会更大。

《研究》是第一部专门研究东汉佛道文献词汇新质的专著，首次对东汉佛道文献词汇新质进行了全面的、系统的、深入的描写，具有开创

---

① 周玟慧：《中古汉语词汇特色管窥》，台北：万卷楼图书股份有限公司，2012 年，第 23 页。

意义，极富学术含量。该书为国家社科基金后期资助项目成果，对道经语言研究、佛经语言研究、中古汉语、辞书研究等都具有重要的理论意义，对道教、佛教文献的释读亦有重要的参考价值。无疑，这是一项站在理论前沿值得充分肯定的重要学术成果。

*本文为国家社科基金重点项目"汉语词汇通史研究"(10AYY004)、山东大学自主创新基金项目成果。

（《东汉佛道文献词汇新质研究》，国家社科基金后期资助项目，俞理明、顾满林著，商务印书馆 2013 年 11 月，75 元）

《两宋生态环境变迁史》

国家社科基金后期资助项目，全二册，张全明著，中华书局 2016 年 1 月，198 元

本书研究内容包括两宋生态环境变迁的纵横"两大系统"，气候、水系、生物、地貌与土壤、矿物环境"五大环境要素"，相伴随的环境灾害以及生态意识等"七大分支板块"。从讨论生态环境史入题，首先阐述了两宋生态环境变迁史研究的时空范畴和理论、方法，然后分别论述了两宋生态环境状态、生态灾害及其变迁的历史轨迹，揭示了这一时期人与生态系统或人与自然之间的动态关系、相互作用，和其变化的基本特点与规律，总结了当时人们追求"天人合一"或"人与自然"关系和谐的有益经验与教训，提出了有关人与自然的和谐是人类社会历史发展过程中一切关系和谐的基础等重要的学术观点。

（学　术）

中国南传佛教研究的新收获
——读《中国南传佛教研究》

赵纪彬

南传佛教为中国三大佛教体系之一，主要盛传于我国云南省西南部及西部地区，在傣族、阿昌族、布朗族等少数中民族传播。与汉传佛教与藏传佛教相比较而言，它的影响力则相对较弱、流传地区不够广泛、信众基础较为薄弱，为学界的关注度不高，尽管取得一些研究成就，然而仍存在不足，"目前还没有一部中国南传佛教史"（《绪论》，第 3 页），中国南传佛教史大多散见于相关的佛教史之中。再者，"对南传佛教的研究，就散见于各学科对傣族的研究之中，资料零散，未对云南南传佛教本身进行系统的专题研究"（《绪论》，第 3 页），南传佛教的研究尚未形成体系化。由上述可知，中国南传佛教的研究工作仍待加强，相关领域亟待开拓。

郑筱筠女士的《中国南传佛教研究》（中国社会科学出版社 2012 年版）一书正是产生于上述背景之中，该书不仅以中国南传佛教为专门研究对象并予以系统研究，而且相关研究成果填补了该研究领域的多项空白，在某种意义上代表了该研究领域的新成就，其中对中国南传佛教宗教管理模式的论述具有一定开创性，尤其是"波章"部分为其最大亮点与精彩所在。要而言之，《中国南传佛教研究》在多个层面有所建树，在某种程度代表了该研究领域的新收获。

一、求全求细

《中国南传佛教研究》准确地把握了宏观概述与微观深度挖掘的尺度，做到求全与求细并重，求全而不失深度挖掘、求细而不失全面把握。

求全。《中国南传佛教研究》以中国南传佛教为研究对象并将其置于广阔的背景之中，本书之所以描述东南亚南传上座部佛教文化圈及勾勒缅甸、泰国的佛教传播痕迹，就在于上述国家不仅在地域上与云南省毗邻，而且都盛传南传上座部佛教，与南传佛教在云南的传播密切相关，由此置中国南传佛教于广阔的国际背景之中，充分考虑跨境民族文化交流对它的影响，从而有利于把握它的传播与发展特点。

再者，在阐述中国南传佛教派别时，《中国南传佛教研究》首先提供了斯里兰卡、泰国、缅甸等国佛教派别的信息，作者就此认为"为了更好地考察中国南传上座部佛教派别，我们有必要从源头上对于整个东南亚地区南传上座部佛教派别的发展过程进行一个了解"（第89页），此举旨在将中国南传佛教派别置于更广的视域之内，进而从整体上把握其形成时间、分布区域、发展脉络、内部分化、鲜明特色等。

求细。《中国南传佛教研究》并非一味追求广而全，而是更为关注具体细节，对中国南传佛教的某一问题做深度挖掘，该书第三编《中国南传佛教的宗教管理模式》采用层层分解的方式，依据所论述的问题划分为若干章，其中每一章再分解为若干节，而每一节又继续细化，如第七章《中国南传上座部佛教居士管理模式》着重论述了波章。第一节《中国南传上座部佛教的居士制度》首先指出中国南传佛教的居士由"五戒"

信徒与"八戒"信徒构成，随后阐释了德宏与临沧地区的居士制度及他们"纳福"（老年居士）及赕佛的佛教实践活动。第二节《波章：中国南传佛教的特殊居士群体》指出波章必须完成世俗生命的神圣化过程以及神圣生命的升华过程，同时他必须精通佛理、通晓宗教文化习俗，进一步指出他的"神圣权威"必须外化为能力，需具备经济管理能力、出色的世俗组织与管理能力以此承担起相应的职责及获得群众的认可。第三节《波章的双重身份及其悖论性特征》运用阈限的理论分析了波章身份的悖论性特征，他在中国南传佛教管理体系具有很高的权威性，是佛教寺院神圣空间的管理者，管理寺院经济、负责佛寺及佛塔的修建与维护，而他的神圣权威在个人世俗空间荡然无存，他在世俗空间并无任何特权、与普通群众没有任何区别。第四节《波章管理体系的建立》指出波章与中国南传佛教的寺院管理体系相一致，他参照寺院管理的金字塔型模式，以西双版纳地区为例，论述了波章的四级金字塔型模式："洼龙"—勐级"洼龙"—中心佛寺—村寨佛寺，由此形成上下级的从属关系。《中国南传佛教研究》对波章的全面阐释彰显了其开创性，也是其最大亮点与精彩所在。

二、求新求异

《中国南传佛教研究》敢于涉猎新内容，解决新问题，提出新论点。首先，敢于匡正现存论点，提出见解。目前学界就南传佛教传入云南的时间问题尚无一致看法，《中国南传佛教研究》就此提出解决该问题的思路"应打破现有的国家政治疆域和国家地理疆域乃至区域性行政区划区域的概念，去研究云南南传上座部佛教的传播和发展区域，同时把佛教的传播与民族的分布、迁徙和定居特点联系起来考虑"（第60页），由于该问题牵涉诸多要素，必须予以通盘考虑，秉持全局观念。在明晰解决思路之后，《中国南传佛教研究》进一步认为"要在 10 世纪以前就在泰、掸、老、傣族等同族源民族文化圈内传播已经相当成熟的南传佛教文化是不可能的，尤其是要传播成熟于 13、14 世纪时才逐渐成熟的南传上座部佛教文化是不可能的"（第 61 页），通过考察南传佛教的传播载体——民族文化，该书认为南传佛教不可能在 13 世纪之前传入云南，因为传入的条件还不够成熟。

《中国南传佛教研究》通过考察云南省傣族群与东南亚各国的政治联姻关系、东南亚各国佛教的发展状况，进而认为"就整个云南傣族南传上座部佛教信仰区而论，南传上座部佛教的传播及其普及时代，上限为 13 世纪，下限为 16 世纪的 300 年间"（第 64 页），这一结论也是作者对她自身的修正，因为她曾主张"中国难传上座部佛教文化圈的形成却是在 14、15 世纪左右，较为成熟的南传上座部佛教文化传入中国云南的时间应该在 13、14 世纪"（赖永海主编《中国佛教通史》，第 11 卷第 323 页）。

其次，敢于涉猎新内容。《中国南传佛教研究》拓宽了中国南传佛教研究的领域，该书中的内容多为学界长期所长期忽略，填补了该领域研究的多项空白，其中以第三编《中国南传佛教的宗教管理模式》为代表。该部分全面而又重点地论述了中国南传佛教的世俗社会、僧阶及僧团、居士尤其是波章、佛塔佛寺的管理模式特征，指出了其运行特点，由于其中的内容尚未被学界涉足，因而具有开创性。如第五章《中国南传佛教社会的世俗组织制度》指出中国南传佛教以制度认同、政治认同、思想认同、文化认同等方式来处理自身与统治阶层及国家政权的关系，力求保持它们二者之间的和谐。世俗社会则动用乡规民约，甚至是法律手段为中国南传上座部佛教组织制度的合理性提供行政保证，它们二者形成互动。

再者，第七章《中国南传上座部佛教居士管理模式》论及了中国南传上座部佛教的居士制度，重点关注了波章这一特殊居士群体，此乃该书的最大亮点。该章不仅指出波章的特征：尽管没有皈依证及特定的皈依师，然而到一定年龄之后，每个月至少四次到寺院中"纳福"（修行），而且阐释了其身份的悖论性特征，一方面他负责管理南传上座部佛教的社会事务，被赋予神圣权威；另一方面他的神圣权威在世俗空间却消解。这一悖论性的产生与他自身的"阈限"有关，可参看前文的相关论述。总而言之，《中国南传佛教研究》重点分析了波章这一特殊的居士群体，研究了其运行的特征与模式，而这些内容在此之前不曾为学界关注，由此赋予本书的开拓性。

三、求真共融

所谓求真者，即《中国南传佛教研究》的论述是建立在真实客观基础之上，而这得力于研究方法的科学选取、资料的多元化选用。《中国南传佛教研究》应用了田野考察、文献学、传播学、民俗学、心理学、历史学、人类学等研究方法，作者曾多次到云南省进行相关调查，"先后到云南西双版纳傣族自治州、德宏傣族景颇族自治州、普洱市和临沧市进行了10余次的调研，基本跑遍云南南传佛教4个主要派别的主要分布区域，对其寺院分布、仪式活动、寺院经济等内容进行详细调查"（《绪论》，第11页），田野调查法集中应用于本书的第三编及第四编。要而言之，《中国南传佛教研究》以内容为标尺选取研究方法，研究方法的科学选取致使它的论述更为趋于真实客观。

资料选取的多元化。一是文献、文本资料，据作者交代，她广泛搜集与之相关的文本、文献资料，目前已经积累了上百万字。二是图片声像资料，作者多次到云南省的相关区域进行实地考察，做了大量的田野调查工作，由此积累了丰富的图片声像资料。三是口传资料，作者在多年的田野考察过程中，搜集了大量的口传资料。《中国南传佛教研究》广泛选用资料，打破了单一依靠文献、文本资料的惯例，融入了图片声像及口传资料，为它的真实客观论述提供了有力的材料支撑。

所谓共融者，指的是《中国南传佛教研究》具有多学科的知识背景，它打破学科之间的壁垒、力求诸学科之间的交叉，融佛教学、民俗学、地理学、历史学、社会学等于一体。《中国南传佛教研究》以中国南传佛教为主线，所有研究均围绕此展开，因此含有浓厚的佛教意蕴，在围绕中国南传佛教展开论述的同时，也涉及到其他学科，如第四章第四节《中国云南南传上座部佛教派别》在论及云南南传上座部佛教四个派别：润派、摆庄派、多列派及左抵派的分布区域时，涉及到地理学科的相关知识。再者，第十一章《中国南传佛教的社会记忆——以泼水节为例》论述了泼水节在活动仪式、活动地点、活动目的等方面的嬗变，通过对比、指出其古今不同之处，在此过程中涉及到民俗学、历史学的相关知识。打破学科之间的壁垒，实现学科之间的交叉为当下学术研究的趋势，《中国南传佛教研究》适应了这一趋势，进行了有益探索并取得一定成效，它在行文过程中并不是做简单的学科拼凑，而是相关学科之间的有机组合，使之相辅相成，共同服务于研究对象——中国南传佛教。多学科共融的背景无意中提升了《中国南传佛教研究》的学术价值、夯实了其学术根基、增强了其内容的广度、深度、厚度。

《中国南传佛教研究》求全求细的论述思维、求新求异的创新诉求、求真共融的学术品格致使它在研究方法、内容、学术品质等方面有所建树，也是郑筱筠女士不断自我完善、敢于修正自我、精益求精的结果，上述因素共同促使该书取得一系列丰硕成果，在某种程度上代表了该研究领域的新收获。

（《中国南传佛教研究》，中国社会科学院文库·哲学宗教研究系列，郑筱筠著，中国社会科学出版社 2012 年 9 月，68 元）

2015 年度中华书局版图书所获部分荣誉

《史记》（修订本）获第五届中华优秀出版物（图书）奖；

《许译中国经典诗文集》（汉英对照）获第五届中华优秀出版物（图书）奖·图书提名奖；

《论语译注》（大字本）入选国家新闻出版广电总局"2015 年向全国老年人推荐优秀出版物"名单；

《中国古代物质文化》、《论语译注》（简体字本）、《孟子译注》（简体字本）入选国家新闻出版广电总局"首届向全国推荐中华优秀传统文化普及图书"名单；

《故宫营造》入选 2015 年"中国 30 本好书"名单；

《中国古代物质文化》获第十届文津图书奖；

《故宫藏美》入选第十届文津图书奖推荐图书名单；

《中国古代物质文化》、《建筑的意境》入选出版界图书馆界全民阅读年会 50 种重点推荐书目（2014 ～ 2015 年）。

（清平客）

《晚明大变局》编辑手记

贾雪飞

作为樊树志先生的关门弟子，我于 2012 年底复旦大学博士毕业后有幸入职中华书局上海公司做编辑。此前十年间，樊树志先生已经在中华书局出版了不少广受读者好评的著作，如《国史十六讲》《张居正与万历皇帝》《大明王朝的最后十七年》等，但因近水楼台的关系，2013 年起，樊先生的书稿被一一"截留"在了中华书局的上海公司，由我来负责编辑工作——2013 年初，我始入编辑行业工作的第三个月，樊树志先生以《明代文人的命运》一书对我表示支持；一年之后，也就是2014 年初，樊先生又以重量级大作《晚明大变局》来支持我的编辑工作。

一

自从 60 岁开始学习用电脑打字之后，樊先生的书稿都是自己一字一句地处理输入的，包括引文和注释。也是开始用电脑写作之后，樊树志先生每天都要在电脑前工作五至六个小时，所以基本每年都有一本新书出版。这是很多年轻学者都无法做到的事情。樊先生说，年纪越是大一些，越是发现自己豁然开朗，无形中打通了很多学术关节，对很多问题有了全新的思考和见解，所以越是有写作的激情。《晚明大变局》正是在这种创作激情催发下完成的一部对中国历史进行全新思考的新作。

樊先生虽然退休多年了，但他的研究工作如常，仍是不断地关注新的研究方法，接受新的研究思路和吸纳新的研究成果，一直保持着思想的开放性和与时俱进的精神状态。这一点可以用他对"E 考据"的态度来说明。黄一农先生提出颇为震撼学界的"E 考据"后，樊先生就很感兴趣，不仅关注相关的研究成果和讨论文章，而且也常会问起我使用此方法收集资料的心得和体会；我则尽量把能找到的数据库资料都装进樊先生的电脑，方便他检索和查找。对当前学术研究手段的突飞猛进，樊先生感慨万千：现在找资料再也不是限制学术研究的瓶颈了，学会怎么辨析和利用资料变成了关键！

在治学方法上，樊先生还是保持传统学院派的踏实作风。他的书桌上经常堆放着一摞一摞用燕尾夹夹住的资料卡片。樊先生告诉我，其中有些是他几十年间慢慢积累下来的，有些则是近几年利用诸如"E 考据"等新思路找到的新资料。写作上，樊先生还是习惯于传统的手工操作，先把相关资料手抄辑录下来，整理后再一个字一个字地写入 WORD 文档。樊先生说，抄书是一个很好的习惯，虽然看上去效率很慢，但抄书的过程中头脑在不停地思考，有些思想的灵光就是在这个过程中产生的。这种"授之以渔"的教导，令我受益匪浅。

二

《晚明大变局》是一部严谨的学术专著，自从拿到书稿的那一天，我就开始了紧张的审读工作。40 万字的书稿，虽算不上篇幅巨大，但因为涉及了晚明社会的诸多层面，光是引用的方志、文集、奏疏、实录及诸多海内外研究成果，就不下几百种，核实引文的工作量巨大，审稿进度往往难尽人意。同时，因为樊先生是手抄文献后再录入电脑，两番中转，难免会有错误，产生诸如错字或者引文卷次标错等问题，这也是编辑审稿工作中遇到的一项难点。

与审稿工作的艰巨相比，在至关重要的图书装帧上，我却几乎没费什么力气——书局历史编辑室主任李静老师全权代劳了有关封面的事宜。《晚明大变局》作为《想象异域》《两重奏》套系丛书的一种，装帧风格与之保持一致，具体到与美编刘丽老师协商方案、请中国美院的刘涛先生书名题签及后续各细节问题，无一不是有赖于李静老师及时安排，妥当处理，而我也就幸福地坐享其成了。

《想象异域》套系丛书，是李静老师开发的一套精装的高端学术书系，是顶尖级学者的一流原创著作系列。自系列丛书第一本问世以来，就广泛得到包括学界和大众读者在内的充分认可，享有极高的学术口碑和市场认可度。《晚明大变局》被纳入这个系列，已经决定了它的高起点。同时，套书纸面布脊的古雅装帧，再加上刘涛先生所题的笔力苍劲浑厚的隶书书名"晚明大变局"，使得本书从内到外流溢出一股历史的厚重和沧桑之感，颇耐人寻味。

完美的书装即是成功的一半。做了两年多市场书编辑的我，已经对这一点的重要性有了深刻的、彻骨的体悟。

三

2015 年 8 月 17 日，《晚明大变局》在上海书展与读者见面，之后就一直出现在各方读者的视野之中——从书展期间活跃于微博、微信中阵容强大的"书模"队伍，到入选 2015 年上海书展"最有影响力的十本新书";从各大媒体的月度好书榜,到年度好书书单,2015 年,《晚明大变局》受到了各界读者的认可和关注。

同是这本书,不同的人关注的点可能全然不同。作为读者,可能看到更多的是这本书在思想内容上的价值;作为同行,可能看到更多是这本书频现与各大榜单的耀目;可是作为本书的责任编辑,在整个过程中,我感受到更多的是中华书局各方同事的强大的凝聚力和向心力,看到的是团队协作精神的巨大威力。如果说一本好书是能启发读者去思考的话,那么,发扬团队精神去推广一本好书的过程,更是值得珍惜,因为在这里我们会直面自己的初心,会遇见人性中的真和善。

《陶渊明的遗产》

张炜著,中华书局 2016 年 1 月,42 元

本书是茅盾文学奖获得者、山东省作协主席张炜的最新随笔体文化专著。张炜的作品一向以对人性的深入思考、对现代和物质主义的反思及传统文化的现代转化为核心问题,受到读者和文学评论界的持续关注。本书是其对传统文化发掘和反思的最新成果。在其看来,陶渊明不仅是中国文化上的独特精神符号,在此之下更隐藏着可以医治"现代病"的巨大能量。

(聚 珍)

《日藏诗经古写本刻本汇编》（第一辑）＊出版手记

王 勇

近年来，海外汉籍影印出版渐成风气，人民文学出版社的《日本足利学校藏宋刊明州本六臣注文选》、《南宋刊单疏本毛诗正义》，上海古籍出版社的《日本宫内厅书陵部藏宋元版汉籍选刊》，中华书局的《美国图书馆藏宋元版汉籍图录》等海外汉籍影印出版，均在国内学术界产生了良好的影响。可以说，海外汉籍的影印出版实在是一件福泽当世，功在千秋的事情。

不过，从方便对海外汉学的研究和利用来说，仅仅影印宋元版珍稀汉籍，还是不够的。以日本所藏的汉籍文献为例，不仅有早在平安时代的写本、宋元的刻本，还有日本学者研究中国古代文献的研究著作，也是以汉字写成（可以称做"准汉籍"）。这些日本汉籍文献，无论对我们研究中国古代文化，还是了解中日文化的交流，都具有极其重要的价值。

我所编辑的《日藏诗经古写本刻本汇编》（以下简称《汇编》），即是一种主要收录日本所藏《诗经》文献的影印释录著作。此书由天津师

＊ 中华书局即出

范大学教授王晓平编著。作者在日多年，利用教学研究之余，精心搜集日本的汉学文献，将其中的《诗经》部分交由中华书局出版。《汇编》第一辑主要包括三部分内容：第一部分是《诗经》古写本，收入了东洋文库藏唐钞本《毛诗唐风残卷》、京都市藏唐钞本《毛诗正义秦风残卷》、东京国立博物馆藏唐钞本《毛诗正义》卷十八、大念佛寺抄本《毛诗二南》、日本宫内厅书陵部藏《群书治要·诗》。第二部分是日本学者研究《毛诗》的著作，如江户时代末龟井昭阳著《毛诗考》、文政八年 (1825) 鸟宇内点，加贺屋善藏板《韩诗外传》；江户时代末安井衡著《毛诗辑疏》；宽延二年（1749）刊《毛诗郑笺》；日人松永昌易注、铃木温校订的《再刻头书诗经集注》。第三部分是日本所藏的中国古代刻本，如宋代苏辙的《颍滨先生诗集传》，为明万历年间毕氏刻本。此书原作《两苏经解》，但已散佚不全，现仅收入苏辙部分。

由于作者与中华书局有多年的合作关系，出于对我们的信任，作者把这批汉籍文献交给中华书局影印出版。作为一名参加工作不久的编辑，我有幸承担起了这项工作，从安排影印、联系版权、编制目录以及审读稿件、设计封面等，一步一步在工作中成长，其中有一些心得，可以与大家分享。

编辑这样一部著作，要面对的工作困难主要是版权联系、影印文献的质量提升、写本文献的规范处理等方面。下面即从这三个方面谈起：

一、版权的联系

影印日本所藏汉籍文献，特别是写本文献，首先要得到日本收藏单位的授权，特别是近年来中国出版界的版权意识已经越来越强，对于处理这个问题，我们自然也要格外用心。《汇编》所收的写本文献，由于分藏于日本的东京大学东洋文化研究所图书室、京都大学文学研究所图书馆、大念佛寺、宫内厅书陵部等单位，需要分头联系，工作尤其需要细致耐心。

具体来说，对于日本所藏图书，我们会先写一封日文申请信，寄到收藏单位负责人那里，将我们计划出版的书名、需要使用文献的名称卷数等基本情况加以说明，以诚恳礼貌的态度请求对方授权。如果对方同意，会进一步跟我们联络。比如东京大学东洋文化研究所图书室，在回信中表示收到了申请，详细地介绍了提出正式申请需要填写的内容，并且附上网络链接，请我们到网站上提交申请。在填写申请后，大约一个月，我们收到了东京大学的许可使用书。

有点曲折的是跟京都大学的联系。当时我们把申请书寄给了京都大学东亚人文情报学研究中心，后来收到了中心负责人的手写回信，信中建议我们去联系文学部的图书馆。后来我们又去信向文学部图书馆提出申请，负责人回信后，请我们通过表格提出正式申请，然后才授予我们出版的权利。京都大学方面对于出版的古籍有严格的要求，必须不得删改印记和原本史料的样貌。这一点也让人印象深刻。

相较而言，顺利的是大念佛寺的授权，在我们发出申请书后，很快就接到了大念佛寺方面的回信，回信的内容很简单，但落款之处，盖上了庶务部长的朱文印章，既典雅又正式，令人感到亲切难忘。

信件的往返沟通中，遇到的情况各不相同，需要解决的问题也不少，对于我的语言能力和沟通技巧都提出了挑战。其中最离不开作者的细心指导和帮助，他告诉我与日本方面沟通，一定要注意处事细节和书信礼仪。比如在给对方寄出的信封里，王老师交代我一定要放入一个空信封，提前写好自己的地址和姓名，以方便对方给我回信。信封的字迹一定要端正清楚，以方便对方的邮递员辨认，准确送达目的地。为了防止我有可能写错地址，王老师把地址发给我后，还特意标注一些日文汉字的写法，以及信封的书写格式，给了我很大的帮助。申请书的内容也是由王老师拟好，并翻译成中文，以方便我了解大意。《汇编》的编辑过程，其实是一个我向作者学习的过程，这其中既有知识上的收获，更有做人处事方面的锻炼。这个过程，对于我后来处理涉及日本版权的书籍，提供了有益的经验。

二、影印文献的质量提升

《汇编》属于大型的汉籍文献汇编，其中收录了十一种文献，分成了十二册。由于每种文献的具体情况不一，所以我们在版式的统一上做了大量的工作。

1. 目录的编制

为了方便读者使用和检索，除了书前的总目录外，我们还为每一种文献都编制了详细的目录。目录的内容分为三级，分别有卷名、部类名和篇名。目录的编制中，名称的确定主要是参考了阮元刻《十三经注疏》，再根据所影印文献的具体篇章进行取舍。

不过，由于影印文献数量较大，所以各个目录之间需要进行统一。这个工作看起来简单，但做起来则需要通盘考虑。具体来说，不同标题之间的处理，往往就很有讲究。有时编辑往往要仔细考虑，标题之间的区分到底是采用降格处理，还是采取不同字体处理。如果采用降格处理，那么应该降下一格还是两格更合适。一个页面中目录分成几栏，通栏还是二栏，或者更加节省页面的三栏。这在单本书的目录中，处理可以相对随意，不会影响整体的面貌。但《汇编》要统一处理十一个目录，就要有整体的考虑。写本中内容最少的是京都市藏唐钞本《毛诗正义秦风残卷》和东京国立博物馆藏唐钞本《毛诗正义》卷十八，都只存三篇，而像《再刻头书诗经集注》这样大部头的文献，则包括了整部《诗经》的篇目。目录少的部分可以层级简单，一般作通栏处理。目录多的部分为节省页面往往可以分为三栏。《汇编》为统一起见，做了折衷处理，分为两栏，以分割线隔开。这样前后一致，整体看起来也更舒服。

2．书名页的处理

如果说书籍是一座宝库，那么封面则是宝库的大门，内封是里面的第二道门，这是书籍的一般情况。《汇编》作为收入了多种影印文献的著作，在封面和内封之外，还要制作分别的书名页作为小门。当读者推开一扇扇小门，才能循名求义，找到自己需要阅读的内容。

《汇编》原来的书名页非常简单，仅仅是书名孤零零的放在那里。后来，在编辑室主任李静的提示下，我为书名增加了边框。这个简单的修改，使得书名不是孤独地漂在书名页上，而是有了自己的地盘，更加醒目地为读者提供提示的作用。但只是加边框，整体还是有些简单苍白，考虑到此次影印文献都加了灰底，我们又给边框内的书名添加了灰底，这样书名看起来与正文的内容更加协调，而且意外地拥有了一种影印文献特有的效果。

3．文献与释录的处理

整本书之中，我觉得最为用心之处，是写本文献与释录部分的处理。最初我只是准备把写本文献放在一起，在最后再附上原文的释录，这样只能说是一般性的处理。作者建议我参考日本同类著作处理的版式，将影印文献和相关释录放在同一打开的对页中，这样会方便读者对比影印文献，阅读释录部分，不必前后来回翻阅。这个建议当然非常有价值，不过在操作中也有一定的难度。首先排版时，要严格排列影印文献和释录的顺序，使之一一对应；其次，在后来的修改中，每次都要严格检查这种对应关系，不能因为版式和内容的改动而产生错误；再次，在审稿中更要尽力核对影印内容和释录文字，不得使前后内容窜入本页，否则使这种排版方式的价值大打折扣。为了方便读者，提高图书出版的水平，我愿意多做一些这样的工作。

三、写本文献的规范处理

《汇编》作为影印文献图书，与一般影印图书不同，它的写本部分不仅仅是影印文献，还包括释录和校勘，所以它还是一部具有古籍整理意义的著作。

释录部分主要是为了读者阅读和使用的方便，将古写本中的内容，释录为规范的繁体字。古写本所书写的文字，虽然我们今天大致可以辨认，但其中不仅有大量的俗体字、异体字，而且还有着写本独特的书写习惯。

在释录部分的整理中，我们一般来说遵循的规范是，将原写本中的俗字、不规范字改为规范的繁体字，少数校勘价值的字形作了保留。对于异体字，则根据具体情况作了保留，不做统一的改写。这是因为对应的原写本已经影印在旁边，不必再完全按照原字形转录，这样处理一方面可以减少排版造字容易出错的麻烦，另一方面也方便读者阅读和引用文献资料。

古写本中还存在着一些独特的书写习惯。如卷中常有重文的情况，一般省略不写，而以"ㄑ"代替，即使是二字重文，也以"ㄑ"处理。东洋文库藏唐钞本《毛诗唐风残卷》原文中《蟋蟀》篇有"蟋蟀在堂，役车其休"，《笺》文作"庶人乘役ㄑ车ㄑ休"，我们转录为"庶人乘役车，役车休"，更加符合现代人的阅读习惯。其实这样的写法，在中国秦汉金石，以及唐代写本中并不少见，唐以后的正式文献中则不多见。

《汇编》所收入的日藏古写本，除了具有一般写本的特点外，还因为长期流传于日本的关系，具有了一些日本古写本的特征。比如写本的正文旁边，还保留着用片假名，或片假名、汉字混用标记训读的方法。如大念佛寺抄本《毛诗二南残卷》中《葛覃》中的"萋"字，左旁注："音西，サイ"，"瀚"字，右旁注："カン"，左旁注："クワン"，是同一读音的不同标记，反映了日语表示法的变迁。而《关雎》："钟鼓乐之"之"乐"字，用竖线"ヽ"相区别，周围标出了四种读法，即"タノシハム"、"(タノシ) フ"、"(タノ) シナム"和"(タノシ) キム"；"琴瑟友之"之"友"字，也标出了"トシ"、"トナム"、"トモナリ"和"ユウセン"四种读法。对于这些正文外的文字，若为纯粹的注音，释录中会以（）补入行中所注字后，同时将原文中表示"音"的符号，径改为"音"字。此类写本训读的释录，可以说是《汇编》的一个特色。以前学者在利用日本汉籍之时，往往只关注汉文部分，很少充分关注训读，将写本文献作为中日文化交流的产物来加以深入研究。希望通过《汇编》在此方面的工作，进一步推动中日文化比较研究以及中日语言研究的发展。

《汇编》写本文献部分的释录，不仅是正文的释录，还附有校勘记，也是为了方便专业读者，更加深入地了解日藏古写本文献的价值和意义。

在所收入的京都市藏唐抄本《毛诗正义秦风残卷》释录中，作者用阮元主持刊刻的《十三经注疏》本《毛诗正义》、日本足利学校藏南宋刊十行本《毛诗注疏》进行校勘，就得到了不少非常有校勘价值的成果。例如"施则缚之于里，备颓伤也"一句，校勘记云："备颓（即倾之别）伤也，诸本作'备损伤'。罗振玉《跋》：'案弓弛而缚以艴乃入韇中，所以妨（防）倾侧致损，今讹"倾"为"损"，谊不全矣。'案：

今存各本均作'备损伤'。苏辙《两苏经解》：'弛弓则以竹为檠，以绳约之于弓隈，以备损伤'，是承袭宋本《正义》之说。"查阮刻《毛诗正义》郑玄注文云"弓有韨者，为发弦时备顿伤"。《仪礼注疏》"有柲"贾公彦疏云："柲所以制弓，使不顿伤。"则孔颖达《正义》应该亦作"顿伤"，写本讹写为"顷伤"，阮刻《毛诗正义》则讹为"损伤"，刻本部分保留了当时的痕迹。

又如"八月白露节秋分中，九月寒露节霜降中"一句，校勘记云："此句阮本作'八月白露节，秋分八月中；九月寒露节，霜降九月中'，足利本同。"查阮刻《周礼注疏》"正岁年以序事"贾公彦疏与唐写本同，且下文云"十月立冬节小雪中，十一月大雪节冬至中，十二月小寒节大寒中，皆节气在前中气在后"，则可知当以唐写本为是。后人误添"八月"、"九月"于"中"前，容易令读者不明原意，以为秋分、霜降皆在月中，可谓贻误后世。而于此更可见唐写本的重要价值。

《诗经》是我国重要的文化经典，国内的《诗经》版本中，唐代写本除敦煌有极少存藏外，十分罕见。而日藏汉籍中，以《诗经》与《论语》最为丰富。此次《汇编》除收有多种写本，以及为这些写本撰写解题和释录之外，还包括不少珍贵的宋刻本，日本《诗经》刻本和历代学者的研究著述。综合对这些文献的研究成果，提出今后研究的课题，足以弥补当前《诗经》文献研究之不足，开拓学术视野，加强海内外汉学研究的交流。

《汇编》是王晓平教授在多年研究日藏《诗经》的基础上，以具有学术前瞻性的眼光，从日本搜集的大量珍稀文献中，择取在文献学、文化交流史和比较文学研究方面具有重要文献价值的《诗经》古写本刻本予以陆续整理影印出版，此次《汇编》（第一辑）的推出必将造福学林，对于《诗经》及相关领域的研究产生推动作用。

我们整理影印出版这些日藏汉籍文献，不仅可以推动学术研究的发展，而且也具有抢救文化遗产的作用。虽然不少日藏汉籍被列入日本国宝与重要文化财产，日本学者为保存这些文献也做过多方努力，但由于近世以来，日本汉文化研究的边缘化与网络文化的冲击，汉文典籍读者和研究者剧减，而《诗经》研究学术圈本来就狭小，对大量有价值汉籍文献的整理影印出版几无希望。因此，这些宝贵的文献材料，缺少必要的保护性整理和研究，面临边缘化的困境。考虑到汉籍文献不仅仅是中国的文化载体，也是整个东亚乃至世界优秀传统文化的宝贵遗产，我们有责任将这些遗产保存下来。

我们相信，整理影印这些汉籍文献，加强对于汉文化圈的相关研究，不独有益于中国学界，也有助于中国文化在当前新的条件下走向世界。

《胡适之先生晚年谈话录》

典藏本，胡颂平编著，中华书局 2016 年 1 月，49 元

本书收录胡适之先生晚年的言谈。编著者在他随侍胡适之先生的岁月里，记录下先生的一言一行，除了编入《年谱长编》的以外，都收入本书。言谈内容，小到一个字的读音、一首诗词的字句，大到国际局势的演变、社会背景的探索，包罗万象。或茶余饭后，娓娓道来，逸趣横生；或有感而发，意气飞扬，跃然纸上。

(任 雯)

"知人论世"与"以意逆志"

顾 农

一

"知人论世"一般被理解为在阅读前人作品时应了解其作者以及相关的时代背景。鲁迅先生说过:

> 世间有所谓"就事论事"的办法,现在就诗论诗,或者也可以说是无碍的罢。不过我以为倘要论文,最好是顾及全篇,并且顾及作者的全人,以及他所处的社会状态,这才较为确凿。要不然,是很容易近乎说梦的。但我也并非反对说梦,我只主张听者心里明白所听的是说梦,这和我劝那些认真的读者不要专凭选本和标点本为法宝来研究文学的意思,大致并无不同。①

这段话内容丰富,且有具体的针对性;但人们最重视并常常引用

---

① 《且介亭杂文二集·"题未定草(六至九)"》,《鲁迅全集》第6卷,人民文学出版社1981年版,第430页。

的是研究文学作品要"顾及作者的全人，以及他所处的社会状态"这一层意思，以为这同"知人论世"的古训是一回事，因此非常容易接受和认同。

可是"知人论世"这句人们耳熟能详、其真理性似乎可以不证自明的老话，其实另有所指，演变为当今的理解有一个过程，这里有不少可以讨论的问题。

"知人论世"这个命题是由孟子首先提出来的，《孟子·万章下》：

> 孟子谓万章曰："一乡之善士，斯友一乡之善士；一国之善士，斯友一国之善士；天下之善士，斯友天下之善士。以友天下之善士为未足，又尚论古之人。颂其诗，读其书，不知其人，可乎？是以论其世也，是尚友也。"

这里说的是交友的原则和提高个人修养的方法：首先要结交当代高水平的人物：一乡（地方）之善士、一国（诸侯国）之善士、天下（全中国）之善士；这样还不够，应进而结交古代高水平的人物；其人无法直接接触交往，那就通过读他们的诗书以了解其人，研究他在那个时代的意义，这样就可以结交古代的高人了。

在这里孟子并不具体讨论如何解读前人作品的问题，这个问题他另有论述。

二

这就是著名的"以意逆志"说。《孟子·万章上》记载孟子同咸丘

蒙谈论《诗》的一段对话道:

> ……咸丘蒙曰:"舜之不臣尧,则吾既得闻命矣。诗云'普天之下,莫非王土,率土之滨,莫非王臣。'而舜固为天子矣,敢问瞽瞍之非臣,如何?"曰:"是诗也,非是之谓也。劳于王事而不得养父母也。曰:此莫非王事,我独贤劳也。故说诗者,不以文害辞,不以辞害志,以意逆志,是为得之。如以辞而已矣,《云汉》之诗曰'周余黎民,靡有孑遗。'信斯言也,是固无遗民也。"

在这之前,咸丘蒙同孟子讨论这样一个问题:当尧把最高领导地位交给舜以后,他本人是否也就成了一个臣?孟子回答说,尧老了以后退居二线,由舜摄政,这时舜还不是天子,到尧逝世以后,他才成为天子,所以尧并不是舜的臣。于是咸丘蒙进而追问,等到舜当了天子以后,他的父亲瞽瞍大约也不能算是舜的臣,可是诗经里说过"溥(普)天之下,莫非王土,率土之滨,莫非王臣"。由此可知全体国人都是臣,如果瞽瞍不算臣,这样岂非有些矛盾?

对于咸丘蒙这种对《诗》的刻板理解,孟子提出批评,并进而论及理解文学作品的一般原则。按"普天之下"等四句,出于《诗经·小雅·北山》:

> 陟彼北山,言采其杞。偕偕士子,朝夕从事。王事靡盬,忧我父母。
> 溥天之下,莫非王土,率土之滨,莫非王臣。大夫不均,我从事独贤。
> 四牡彭彭,王事傍傍。嘉我未老,鲜我方将。旅力方刚,经营

四方。

　　或燕燕居息，或尽瘁国事。或息偃在床，或不已于行。

　　或不知叫号，或惨惨劬劳。或栖迟偃仰，或王事鞅掌。

　　或湛乐饮酒，或惨惨畏咎。或出入风议，或靡事不为。

　　这是一首因劳逸不均而大发牢骚的诗，作者大约是一位级别比较低的公务员。他说大家都是臣下，而处境极其不同。自己一天忙到晚，没有办法照顾父母；现在劳逸严重不均，忙的忙死，闲的快活死！孟子指出此诗主题在于诗人感慨自己"劳于王事而不得养父母"，可知"溥天之下，莫非王土，率土之滨，莫非王臣"这四句乃是用来反衬"大夫不均，我从事独贤"这层意思的。

　　孟子进而指出，理解文学作品的一般原则是：不能因为个别字词影响对句子的理解，不能因为个别字句的表面含义影响对作者总体意思的理解。换言之，理解作品要通观其全局，不能死于句下，不能断章取义。例如《诗经·大雅·云汉》讲到现在发生大规模的旱灾，诗人忧虑没有粮食吃人将死光，并不是说现在已经全死了。

　　在生活中运用诗句于某种特定场合（如外交场合）时，或不妨断章取义，而在理解作品或以作品为论据时则不能如此。文学作品里有各种修辞手段，不能作刻板的理解。

　　关于"说诗者，不以文害辞，不以辞害志，以意逆志，是为得之"这一重要结论，汉儒赵岐《孟子章句》注曰：

　　　　文，诗之文章，所引以兴事也。辞，诗人所歌咏之辞。志，诗人志所欲之事。意，学者之心意也。孟子言，说诗者当本之志，不可以文害其辞，文不显乃反显也；不可以辞害其志。辞曰"周余黎民，靡有孑遗"，志在忧旱灾民无孑然遗脱不遭旱灾者，非无民也。人情不远，以己之意逆诗人之志，是为得其实矣。王者有所不臣，不可谓皆为王臣，谓舜臣其父也。①

不能因局部妨碍对全局的理解，读者之心可以同诗人之心遥遥相印，既然人情不远，故能以己之意逆彼之志。

三

怎样才能保证以读者之意逆推作者之志能准确无误，赵岐仅以通观全局和"人情不远"来立论；到清代，大儒焦循对此作出了进一步的阐释，他在《孟子正义》卷九中写道：

> 文即字也……辞谓篇章也……断章取义，当用之论理论事，不可用以释诗也。然则所谓"逆志"者何？他日谓万章曰："颂其诗，读其书，不知其人，可乎？"正惟有世可论，有人可求，故吾之意有所措，而彼之志有可通。今不问其世为何世，人为何人，而徒吟哦上下去来推之，问其所逆，乃在文辞而非志也，此正孟子所谓害其志者，而乌乎逆之，而又乌乎得之！
> ……夫不论其世，欲知其人，不得也；不知其人，欲逆其志，亦不得也。孟子若预忧后世将秕糠一切，而自以其察言也，特著其说以防之。故必论世知人，而后逆志之说可用之。①

---

① 《孟子正义》，《诸子集成》第一册，上海书店 1986 年影印世界书局版，第 377 页。
② 《孟子正义》，《诸子集成》第一册，上海书店 1986 年影印世界书局版，第 377～378 页。

　　焦循对赵岐的"人情不远"这样的凭借很不信任，于是将《孟子·万章下》的"知人论世"说同《孟子·万章上》的"以意逆志"说结合起来，并以"知人论世"为重要的前提。这样一来，"知人论世"就同理解作品、阐释作品发生密切的联系了。

　　在作者、作品、读者这三者之中，孟子高度重视读者——作品这一环，他讨论问题一向从读者出发，在同咸丘蒙对话时，面临的问题十分具体，就是怎样理解《诗经·小雅·北山》，他主张通观全文，不为个别字句所误导，通过"以意逆志"去准确地理解原作。至于如何"以意逆志"，他没有多作说明，在这里他原本没有必要去畅谈文学概论。在同门人万章对话时，他讲应当多结交高人，并且要通过作品理解古代的高人，成为他们的朋友。在这里他当然更不会去谈什么文学理论。但是事情的复杂性在于——

　　　　读者——作品——作者——背景（尚友古人）
　　　　读者之意——作者之志（说诗）

　　这两个过程，虽然说的是是两回事，但确实有些关系。焦循把这二者打通了来说话，并非没有由来。清儒重学问，重实证，难以确知的人情和不容易把握的"以己之意逆诗人之志"在他们看来总有点玄；必须利用传世文献，通过考证和研究获得"知人论世"方面确切的信息，来帮助"以意逆志"，如此方能客观可靠。焦循的思路大抵如此。

　　清初曾经有人认为"以己之意逆诗人之志"不容易靠谱，提出"以古人之意求诗人之志"（吴淇《六朝选诗定论》卷一）；但关于"古人之意"何从得知，却未作任何说明。等到朴学大兴以后，学者们便不再谈什么悬在半空中的"古人之意"，而取考证学的路径来知人论世。清儒致力于脚踏实地的工作，为古代的诗文集做笺注，为古代作家编年谱，风起云涌，取得了极其丰硕的成果，以至于今天要来研究古代文学，仍然非要看他们的这些著作不可。

将孟子"知人论世"的命题改造为了解和阐释文学作品的主要方法，并与"以意逆志"结合起来，此种建构是焦循的一大贡献。遗憾的是，这一将古老的命题实现当代转型的贡献，在文学批评史上尚未得到充分的估价。古人文学批评的许多重要意见，写在他们为典籍所作的注释之中。

焦循的新意后来由王国维作出了进一步的发挥，他写道：

> 善哉，孟子之言诗也，曰："说《诗》者不以文害辞，不以辞害志，以意逆志，是为得之。"顾意逆在我，志在古人，果何修而能使我之所意，不失古人之志乎？此其术，孟子亦言之曰："颂其诗，读其书，不知其人，可乎？是以论其世也。"是故由其世以知其人，由其人以逆其志，则古诗虽有不能解者，寡矣。汉人传诗，皆用此法，故四家诗皆有序。序者，序所以为作者之意也。……及北海郑君出，专用孟子之法以治诗。其于诗也，有谱，有笺。谱也者，所以论古人之世也；笺也者，所以逆古人之志也。……故郑君序《诗谱》曰："欲知源流清浊之所处，则循其上下而省之；欲知风化芳臭气泽之所及，则旁行而观之。"治古诗如是，治后世诗亦何独不然？①

王国维的思路同焦循大体一致，而说得更加清晰明白：为了使我之所意不失古人之志，必须兼取知人论世之术，这样就能够由其世以知

---

① 《玉溪生诗年谱会笺·序》，《王国维集》第一册，中国社会科学出版社2008版，第97页。

其人，由其人以逆其志，不至于误解古人古诗了。

清代中叶以至近现代，学术的中心一直在史学；六经皆史，一切思想、文学都是历史的产物，在这样的大背景之前，"知人论世"论自然大行其道。后来国外的从社会政治角度研究文学的思想进入中国，与传统的"知人论世"一拍即合。此后人物传记研究、时代背景研究主导文学评论历数十年而不衰，诗史互证亦复大行其道。这样的路径自然能让古代诗歌研究取得很多可喜的成果，而其间不顾文学特性的庸俗社会学的东西似乎也很不少。文学研究方法的多元化，乃是新时期以来的事情。

四

现在看来，研读古诗的一大路径大约应当如同开挖隧道，须从两头掘进：一头细读当前文本与相关文本，以意逆志；一头研究作者的全人以及他所处的社会状态，知人论世——当这两支队伍在大山中间某处胜利会师的时候，我们就算把这诗读通了。

"断章取义"晬语二题

萍 庵

《左传》中常见有诸侯盟会之间，彼此吟诵诗句以表意明志的情节(这里的"诗"应标书名号，因为大多出自《诗经》)，有的句子见于今本《诗经》，有的后世称为"佚诗"的，失传了，或者是被孔子删去了。只是，所吟所诵都只是摘取一两句，不是整首或全篇。如《左传·襄公二十八年》所说"赋诗断章，余取所求耶"云云，这应该即常见成语"断章取义"的本源出处了。由此而知，赋断章而取所求的"断章取义"，其原本是并无所谓褒贬义的，《文心雕龙·章句》篇中就明白指出"虽断章取义，然章句在篇，如茧之抽绪，原始要终，体必鳞次"。应该遵循整篇文章的脉络，贯串上下，或像鳞片一样衔接，环环相扣才是，我们读书作文，正应当如此理解。东挪西借并非不可以，而驴唇马嘴，拖张拽李，只顾自说自话，文非题旨，那就实在算不得文章了。

大约唐宋之后，作为成语的"断章取义"完全成了贬义，且约定俗成，终于无法回溯本原而至于今。《现代汉语词典》即释义为"不顾全篇文章或谈话内容，只根据自己的需要孤立地取其中一段或一句的意思"。这理应是在大量现代汉语的语料收集整理之后才如此断言的。按这一释义的思路而顺势考虑，"断章取义"很可能还有歪曲原文的情况，有让被引用一方蒙冤受诬的情况等等，《现汉》释义似尚未表述到这一层面，这就不能不引起作为受众的读者的警惕。这类例子尚多，无待缕数，清醒明白的读者自会分辨。这儿仅举两例，大家试评评看如何？

（一）鲁迅的"讨价还价"

有篇题目是《从钱玄同日记看鲁迅的"讨价还价"》的文章，见2015年4月1日《中华读书报》。文章引了鲁迅夫子关于"青年必读书"的话，说"从来没有留心过，所以现在说不出"。作为革命青年的导师，"左联"掌门人的鲁迅，怎么可以一开始就封门呢？两句短语，确乎鲁派风味。当年，或真有某位（或几位）学者曾经为肯读书的青年开过"必读书"的书单，而其中有《庄子》《文选》等？因鲁迅不止一次地骂过，挖苦过，且一提《庄子》《文选》就气不打一处来，似与老庄、小萧（昭明太子）有难解之结？其关节处似乎在于，开这类"青年必读书"的，或者都是他心目中那些所谓"资本家的乏走狗"们？不过，犹如坐堂的医师，不能只号脉，讲讲医理而不开处方吧。如果病得不轻，沉疴积岁，非一两副方剂所能办，那也得将病理解释清楚，以"揭出病苦，引起疗救的注意"才是呀。如果认为别人开的处方不对症，误人子弟，那么，用鲁迅自己的话"惟一的疗救，是在另开药方"，见《华盖集·十四年的读经》。断不至于"说不出"的。

那篇文章接着继续引了鲁迅，十分关键，可惜的是，只引录了一句："我以为要少——或者竟不——看中国书，多看外国书。"文章所引到此为止。乍看起来，鲁迅的话确乎偏激、过分。那篇文章的作者即以此认为，这是借"过正"来保护自己的主要意见，并特别用鲁迅《三闲集·无声的中国》为例以证定己说"……说这屋太暗，须在这里开一个窗，大家一定不允许的。但如果你主张拆掉屋顶，他们就会来调和，愿意开窗了。没有更激烈的主张，他们总连平和的改革也不肯行……"是故意放一通更激烈的炮，轰得那些不肯革新的人勉强同意而求其次，以此坐实鲁迅夫子的"讨价还价"。

《三闲集》中的那篇文字谈的是"无声的中国"，其中的一些论点不无可议处，当另论，仅就与"青年必读书"扯到一起说事则似"隔"（借王国维《人间词话》语），未便混淆。更何况在"少看或竟不看中国书，多看外国书"的文字之后还有深入一步的说明，以表示"我为什么这样说？"这么重要的文字为何不都引录出来呢？

鲁迅的"说明"大要如下：看中国书，让人沉静下去，与实际人生离开；看外国书，就往往与人生接触，想做点事。中国书虽也有劝人入世的话，也都是僵尸的乐观；外国书即使颓唐厌世，却是活人的颓唐厌世。还说，少看中国书，其结果不过是不能作文而已。但现在的青年最要紧的是"行"，而不是"言"，只要是活人，不能作文算什么大不了的事！鲁迅夫子的话，让我联系到北宋太祖赵匡胤，他曾叮嘱负责他儿子读书的"侍讲""侍读"们，读读古代的经书，了解治乱的大体就可以了，"不必学作文章，无所用也"（见司马光《涑水记闻》卷一）。古今思路之相似，有如此者。

在"多看外国书"的后面竟特为标出一句"除了印度以外"。我私下猜想，鲁迅夫子不信佛？或亦读过日文版本的梵文书？我妄言之，幸勿较真可也。不过，可以翻检一下印度诗翁泰戈尔来华访问那一时段鲁迅的相关文字，或能发见一些蛛丝马迹，印度书属东方文化。特为标出这样一句，看似末节，实不可小觑，正足以表示，他是认真的！

回顾我本人的读书经历，早年读鲁迅，颇受影响的正在"青年必读书"。那是 20 世纪 50 年代初，还是中学生，那年代，谁不仰视鲁迅为"伟大", 因之而读了不少的"外国书"。彼时虽少不更事, 但总还不至于傻到真的不读"中国书"吧! 这其间既有家庭的影响, 于潜移默化中亦自有个人的思考。因之而想到, 像鲁迅那一辈人, 可说读够了太多的中国书, 加上留学的经历, 又以其独特的眼光与思考, 面对彼时国人的状况, 常常会讲出一番让人惊异瞠目的"实话", 非为惊世骇俗, 也足启佑后人。不望之而慨叹其卓识, 反指其是为求其次的"讨价还价"?!

再以所引钱玄同日记来看, 那应当是日记主人钱玄同与黎锦熙的一次交流。二人对于汉字革命 (如今已不称"革命", 只说"汉字改革", 是求其次欤?) 可称同道, 故黎氏说汉字革命之提倡, 鲁迅也认为"实有必要", 而紧接的文字是"他主张别读中国书, 是同样的意思。纵使过高, 亦是讨价还价也"。仔细体味一下, 这后面的话真的是鲁迅的亲口原话吗? 明白地是钱玄同日记的话, 或钱、黎两人的"意思", 怎么就能判读出是鲁迅"就自己的战术交底了"呢?

文学类书, 无论外国或中国, 都属受众最多最广的一类。我向来持论以为, 文学家必得先是一位思想家 (thinker), 和其他门类的艺术有些差异, 只在于对历史对客观物事所独具的洞彻力及敏锐度, 这一点十分重要。我们阅读法国作家维克多·雨果《一七九三年》(今多译作《九三年》)、A·法郎士的《天使的叛变》《诸神渴了》等等, 以及英国狄更斯的《双城记》这些以法国"大革命"为背景的作品, 读后精神思想上所受到的震撼, 能从"中国书"中找到吗? "武王伐纣""殷革夏命"之类离我们太过遥远, 置之勿论可也。就说近代的一次次"革命""大革命", 有一部"革命"内容为背景的"说部"能同上所举"外国书"相比并? 更不必说歪曲以及图解似的肤学浅思之物。不过, 话也不应说得太过, 也并非完全没有拿得出手的"中国书", 《阿Q正传》就是以"革命"为背景而可以传世的一部, 然其作者恰是鲁迅。

（二）陈寅恪先生的话!

曾经听说过"敦煌在中国而敦煌学在国外"，近些年似不大听说了，但终未见有理直气壮且有分量的辩驳。多数的情况是，往往一提及敦煌，"帝国主义分子""强盗"等就成了"千夫所指"，十恶不赦，而大叹其"吾国学术之伤心史也"云云。据说这"伤心史"的话是陈寅恪先生说的，这样的说法，就我个人所经眼的已不止一次，足以同仇敌忾，煽动民情，因为陈寅恪先生算得中国文化的标帜性人物，引用他的话，足够分量了。不过，这种引用实有"断章取义"之嫌，非止于误导舆论，并亦厚诬陈寅恪先生之本意，以此，特为拈出颇具代表性的一篇文章为例，以就教于那篇文章的作者及大家。

《中国文化》第十七、十八两期合刊有"百年敦煌纪念专辑"，专辑中有一篇题曰《为了文明的尊严——关于敦煌文物的归还》的文章，确有可资商榷处。文章中有这样的话：

> 上世纪初，我国著名学者陈寅恪有感于敦煌受难之惨剧，说出铭刻于敦煌史上一段著名的话：
>
> "敦煌者,吾国学术之伤心史也。其发见之佳品,不流入于异国,即秘藏于私家。兹国有之八千馀轴,盖当时唾弃之剩馀,精华已去,糟粕空存,则此残篇故纸,未必实有系于学术之轻重者在。今日之编斯录也,不过聊以寄其愤慨之思耳!"

在引文之后，作者紧接着说："这痛心疾首的话，有如霜天号角，曾呼叫着当时国人的文化良心；又如低谷悲鸣，唱尽一代学人痛楚尤深的文化情怀……"作家的生花妙笔，加之满溢的民族情状，那后面的文字，想来即不看也能略知大貌，我这里就不浪费笔墨了。所称陈寅恪的铭刻在敦煌史上那一段著名的话，见于寅恪先生一篇短文，即收录在陈先生自编文集之三《金明馆丛稿二编》中的《陈垣〈敦煌劫馀录〉序》，是寅恪先生应陈垣之请而写的一篇"序"文，既不拂友人之嘱，又要明白表达自己的想法和态度，无必要模棱含糊，是他为人为文的一贯。

寅恪先生没有认为是"吾国学术之伤心史"，也没有"聊寄其愤慨之思"。职是之由，笔拙如我者只好不嫌累赘再为之绍介一下陈先生那篇不长的序文如下：

他说，敦煌学是"今日世界学术之新潮流"，从发现之后二十馀年间，东起日本，西至法、英诸国学人，各就其治学范围，先后均有所贡献，而"吾国学者，其撰述得列于世界敦煌学著作之林者仅三数人而已。夫敦煌在吾国境内，所出经典又以中文为多，吾国敦煌学著作较之他国转独少者，固因国人治学罕具通识……"无须另作注笺，明白指出了我们自身的"软肋"。

在肯定陈垣取敦煌所出《摩尼教经》以考证宗教史之"精博"，如今又应中央研究院史语所之请，"就北平图书馆所藏敦煌写本八千馀轴，分别部居，稽核同异，编为目录，号曰《敦煌劫馀录》，诚治敦煌学者不可缺之工具也。书既成，命寅恪序之"。这之后，似乎才算表达自己观念的"序"，也即我所指"断章取义"处：

或曰：敦煌者，吾国学术之伤心史也……（下面的文字与前所引"伤心史"云云全同，无须重复）

关节点就在"或曰"！明白不误，"或曰"后的话并非陈寅恪所说，稍知传统汉语行文之惯，就绝不会如此误读。《论语》中我们见得最多的是"子曰"，以及弟子们的"子贡曰""子路曰""曾子曰"等等都是实有其人的发言或讲话，虚有其人的讲话或发言就是"或曰"。如《子罕篇》的"或曰：陋，如之何？"孔子回答："君子居之，何陋之有！"即唐代刘禹锡《陋室铭》之所取义。《宪问篇》的"或曰：以德报怨何如？"当然不可以，只能"以直报怨，以德报德"才是。韩愈的名篇《送李愿归盘谷序》开始即连用两个"或曰"，不烦例举，但凡用"或曰"，都是"有人说"，而不实指具体的是谁说，却绝不是"自己说"。

"或曰"所说正是"伤心史"云云那段要铭刻于敦煌史上的"著名的话"，紧接这段话之后，寅恪先生十分明确地作了驳议："是说也，寅恪有以知其不然。请举数例以明之……""知其不然"者，即对"或曰"那段"著名的话"表示了明白的异议，而且"举数例以明之"：即国内现存敦煌文献八千馀轴，就其内容所涉，有关于唐代史事者，有关于佛教之教义者，有关于小说文学史者，有关于佛经故事者，有关于唐代诗歌之佚文等等。还可从中发见六朝时代旧译佛经之原名，与中亚发见之古文对勘互证者……皆关乎学术之考证。并强调，仅这些，不过是自己（指寅恪先生本人）所曾读，"为数尚不及全部写本百分之一，而世所未见之奇书佚籍已若是之众，傥综合并世所存敦煌写本，取质（与）量二者相与互较，而平均通计之，则吾国有之八千馀轴，比于异国及私家之所藏，又何多让耶"！

这篇"序"初发表于1930年中研院史语所集刊，距敦煌被发现之初不过二十馀年光景，在寅恪先生眼目中已形成世界规模的敦煌学了。就凭我们自家手中所掌握之八千馀轴，无论质与量，丝毫不输于境外和私家收藏，何"伤心"之有？

更以欧陆之英、法两处所收藏的敦煌卷子为例（即人们常说的英国斯坦因、法国伯希和两位盗走的文卷），早经全部公开，并有较详细的整理编目，甚方便研究者的检索阅览，如胡适之、向觉明等众多中国学者都曾观览、抄录、影照并携回，如胡适之之于王梵志（《全唐诗》竟不收载王梵志），向觉明之于《大唐西域记》等等，可说畅通无阻，无丝毫隐秘。尤其法京巴黎的国家图书馆还辟有敦煌专室，其名称即为"伯希和的中国"（见拙文《胡适与伯希和》，载2014年8月20日《中华读书报》"国际文化"版）。伯希和于"敦煌盗宝"的次年（1909）即携其精选的部分晋、唐写卷影照本来华，遍示当时最重要的学者如罗振玉、王国维、董康、蒋黼、王仁俊、叶恭绰等等，因为只有这样的学者才称得上识家，知道这些卷子的真正价值。乍一触目，罗、王诸辈即惊诧不已，叹其为千年珍秘之瑰宝，这才引起学术界的重视，并震动朝野。

罗振玉将此次伯希和所赠敦煌写卷十八种，按原卷子的尺寸大小，用珂罗版（又称玻璃版）上等宣纸精印出版，"与原迹丝毫不爽"。罗氏于每种写卷之后均缀以精博考订，这就是学界所知，刊于1913年的《鸣沙石室佚书》——国内最早的敦煌学著作。参见清末学者吴庆坻的笔记《蕉廊脞录》卷五。容我借此多赘几句，在罗氏之先，有王仁俊《敦煌石室真迹录》应当算"最早"。但不拘罗、王二书之孰为先后，而当世之说敦煌者罕有语及之，良可怪。是否因罗振玉之名有些忌讳？而王仁俊中年早逝呢？（王仁俊著述颇丰，《敦煌石室真迹录》是他最后的一部，他逝于1913年，才四十多岁），不可解。

敦煌的历史早已翻开新的一页，半个多世纪前就回到了"人民"的怀抱，还成立了"敦煌文物研究所"（大可以径称"研究院"的）。半个多世纪光阴数倍于陈寅恪时的"二十馀年"，虽也出版了诸如变文集，画册图录等等，窃以为，用寅恪先生眼目中的"敦煌学"权量，恐怕还仍须赖"具通识"的学者。不妨细读一下《金明馆丛稿二编》（不是《一编》及其他，以不涉敦煌故），即大要可以明白，什么是"敦煌学"？什么叫"学术"？或者能稍稍敛戢所谓的"文化觉醒""文化主权""文化良心""文化正气""文化大国"之类闭塞耳目的自说自话了。

《说文解字系传》阙文臆补一例

孙利政

南唐徐锴所撰的《说文解字系传》(或简称《系传》) 版本流传众多，较具有代表性的有清乾隆年间的汪启淑刻本、文渊阁《四库全书》本 (简称为"四库本") 和道光年间的祁寯藻刻本 (简称为"祁刻本")。其中以祁刻本最善，是书据顾广圻所藏影宋抄本和汪士钟所藏宋椠残本校勘而成，承培元等人作《校勘记》三卷附于书末。中华书局 1987 年据祁刻本影印出版。

《说文解字系传》卷一玉部：

"琠：大圭，长三尺。抒上，终葵首。从玉、廷声。臣锴曰：抒取上，谓削取其上也。齐语锥谓之终葵。其上作椎形，象无所屈挠也。晋祖 (阙文) 曰 (阙文)。"①

---

① 徐锴《说文解字系传》，北京，中华书局，1987 年，页 7。

"晋祖"后有两处阙文,《校勘记》对此未作解释,据上下行格,"曰"前脱一字,"曰"后脱字不详,至多脱十字。四库本谓"曰"后脱七字。

今考"晋"字或指朝代,据"曰"字疑"祖"或为姓氏。检核《晋书》,疑阙文与西晋光禄大夫祖纳有关。祖纳字士言,祖逖之兄,其传附在《晋书·祖逖传》之后,传言:

> "时梅陶及钟雅数说余事,纳辄困之,因曰:'君汝颍之士,利如锥;我幽冀之士,钝如槌。持我钝槌,捶君利锥,皆当摧矣。'陶、雅并称'有神锥,不可得槌'。纳曰:'假有神锥,必有神槌。'雅无以对。卒于家。"①

传文载祖纳与梅陶、钟雅二人分别以锥、槌设喻,相互攻讦。此事最早见于王隐《晋书》(《太平御览》卷七百六十三引)和裴启《语林》(《太平御览》卷四百六十四引)。朱熹《昌黎先生集考异》卷三《联句》"神槌"条援引此典作"晋祖纳曰:假有神锥,必有神槌"②。

参诸朱熹引典,《系传》"祖"后拟补"纳"字,"曰"后拟补"假有神锥,必有神槌"八字,与前文"齐语锥谓之终葵。其上作椎形,象无所屈挠也"可相连属。

然而,因为徐锴引文与原典多有出入,颇受后世学者责难,故《系传》阙文原貌如何难得确证,本文仅提出一种补阙之可能。

---

① 房玄龄等《晋书》,北京,中华书局,1974年,册6,页1699。
② 朱熹《昌黎先生集考异》,上海,上海古籍出版社,1982年,页95。

《文献通考·职官考》商榷十二则

黄光辉

　　马端临的《文献通考·职官考》是一部系统的官制通史，上起传说中的唐虞时代，下迄南宋宁宗年间，尤详精于宋制，堪称了解宋宁宗以前官制的必读之书。张之洞《𫐓轩语·语学》称《文献通考》"详博综贯，尤便于用"[①]，给了很高评价。但使用该书时，亦当注意该书因内容庞杂，时间跨度长，不可避免存有若干问题，虽然中华书局点校本详加校勘、考订，但笔者依然发现尚存一些问题，从而不利于利用《职官考》。本文拟对所见缺陷逐一开列，不当之处，敬祈专家指正。

　　1. 建炎初，复改侍郎为参政。 (1460 页)

　　案，《建炎以来系年要录》卷二十二，建炎三年四月庚申条记载："以尚书左、右仆射并同中书门下平章事，门下、中书侍郎并为参知政事，尚书左、右丞并减罢。"[②]又据《宋史·高宗纪二》记载："(建炎三年四月)

---

① ［清］张之洞编撰，范希曾补正，孙文泱增订：《增订书目答问补正》，中华书局，2011 年，第 662 页。
② ［宋］李心传：《建炎以来系年要录》卷二十二，中华书局，1988 年，第 474 页。

庚申，诏尚书左、右仆射并带同中书门下平章事，改门下、中书侍郎为参知政事，省尚书左、右丞。"①据此可知，改侍郎为参知政事在建炎三年四月，而建炎年号只用了四年，《文献通考》（下简称《通考》）作"建炎初"似有不妥。

2. 至德二年十一月，敕道士、女冠等宜依前，属司封曹。（1512 页）

案，《旧唐书·玄宗纪》载："（天宝）三载正月丙辰朔，改年为载。"②《全唐文》所收入的《改年为载推恩制》载："历观载籍，详求前制，而唐虞之际，焕乎可述。用是钦若旧典，以协惟新，可改天宝三年为载。"③又《尔雅》云："载，岁也。夏曰岁，商曰祀，周曰年，唐虞曰载。"④可知唐玄宗天宝三年为了表示李唐所继承的是上古三代唐虞的正统，遂改"年"为"载"。至唐肃宗乾元元年二月"丁未，复改载为年"⑤可知，从天宝三年（744）至乾元元年（758），中间14 年，在唐史上称"载"而不称"年"。乾元乃唐肃宗第二个年号，至德是唐肃宗第一个年号，故"至德二年"当为"至德二载"。

3. 然范淳夫（祖禹）乃以著作佐郎兼侍讲。（1591 页）

案，《续资治通鉴长编》（下简称《长编》）卷三百七十四，元祐元年四月辛卯条记载："朝议大夫鲜于侁为太常少卿，著作佐郎范祖禹为著作郎。"⑥可知元祐元年四月辛卯，范祖禹以著作佐郎改任著作郎。又据《长编》卷三百八十四，元祐元年八月辛卯条记载："吏部侍郎兼

① ［元］脱脱：《宋史》卷二十五《高宗纪二》，中华书局，1977 年，第 464 页。
② ［后晋］刘昫：《旧唐书》卷九《玄宗纪下》，中华书局，1975 年版，第 217 页。
③ ［清］董诰编：《全唐文》，北京：中华书局，1983 年版，第 282 页。
④ ［晋］郭璞注，［宋］邢昺疏：《尔雅》卷 8《释天》，上海古籍出版，2010 年版，第 296 页。
⑤ ［宋］司马光：《资治通鉴》卷二百二十《唐纪三十六》，中华书局，1956 年，第 7052 页。
⑥ ［宋］李焘：《续资治通鉴长编》三百七十四，中华书局，2004 年，第 9063 页。

侍讲傅尧俞，以职烦目病，乞罢侍讲。司马光请改尧俞为侍读，而用著作郎范祖禹兼侍讲。"①范祖禹兼侍讲的时间是在元祐元年八月辛卯，此时他是以著作郎的身份兼侍讲而非著作佐郎。且《名臣碑传琬琰集·范直讲祖禹传》记载："（范祖禹）改著作郎充修《神宗皇帝实录》检讨官，迁著作郎兼侍讲。"②《宋史·范祖禹传》记载："除著作佐郎、修《神宗实录》检讨，迁著作郎兼侍讲。"③

4. 唐初有理礼郎四员，掌设板位，执仪行事。至永徽二年，以庙讳，改为奉礼郎。(1614 页)

案，《唐会要》记载："奉礼本为治礼，贞观二十三年七月二十七日，改为奉礼。本四员，减二员。"④《旧唐书·高宗纪》记载："（贞观二十三年）七月丙午，有司请改治书侍御史为御史中丞，诸州治中为司马，别驾为长史，治礼郎为奉礼郎，以避上名。"⑤故可知，"理礼郎"实为"治礼郎"，杜佑为避唐高宗李治名讳而追改，而《通考》沿袭之；且改"治礼郎"为"奉礼郎"在贞观二十三年非"永徽二年"。《通考》作"永徽二年"误也。

5. 唐庄宗同光元年，复以崇政院为枢密院，命宰臣郭崇韬兼使，又置院使一人，然权侔宰相矣。(第 1713 页)

案，《旧五代史·庄宗纪三》同光元年四月条载："以行台左丞相

---

① 《长编》卷三百八十四，第 9368 页。
② ［宋］杜大圭编：《名臣碑传琬琰集》下卷十九《范直讲祖禹传》，《宋代传记资料丛刊》第 16 册，宋刊本，北京图书馆出版社影印本，2006 年，第 422 页。
③ 《宋史》卷三百三十七《范祖禹传》，第 10794 页。
④ ［宋］王溥撰，牛继清校证：《唐会要》卷六十五《太常寺》，三秦出版社，2012 年，第 968 页。
⑤ 《旧唐书》卷四《高宗纪上》，第 66 至 67 页。

豆卢革为门下侍郎、同中书门下平章事、太清宫使；以行台右丞相卢澄为中书侍郎平章事、监修国史……以中门使郭崇韬、昭义监军使张居翰并为枢密使。"①《新五代史》卷五《唐本纪·庄宗下》记载同②。可知，郭崇韬以中门使兼任枢密使。后唐宰相"以同平章事为宰相之职，无常员"③，唐庄宗同光元年，任同平章事的为豆卢革、卢澄，郭崇韬并非宰职。故"宰臣郭崇韬"应作"中门使郭崇韬"。

6. 熙宁五年，以尚书比部员外郎、集贤校理、同修起居注曾孝宽为起居舍人、充史馆修撰、兼都承旨。（1721页）

案，《长编》卷二百三十五，熙宁五年七月壬寅条载："比部员外郎、秘阁校理、曾孝宽为起居舍人、史馆修撰、兼枢密都承旨。旧用武臣，以文臣兼领自孝宽始也。"④可知曾孝宽在兼枢密都承旨之前，担任的是秘阁校理而不是集贤校理。并且该书卷二百一十五确切记载曾孝宽授秘阁校理的原因。《长编》卷二百一十五，熙宁三年九月乙巳条载："诏曾公亮诸子依韩琦例推恩。遂以比部员外郎孝宽为秘阁校理。"⑤故可知，"集贤校理"当为"秘阁校理"之误。

7. 王拱辰治平中知宣徽院，神宗即位，拜太子少保，明年检校太傅，改宣徽北院使，寻迁南院，立班序位视签枢。（1723页）

案，据《王拱辰墓志》记载："（至和元年）使还，除宣徽北院使，

① ［宋］薛居正：《旧五代史》卷二十九《庄宗纪三》，中华书局，1976年，第403～404页。
② ［宋］欧阳修：《新五代史》卷五《唐本纪·庄宗下》，中华书局，1974年，第44页。
③ 《通考》卷四十九《职官考三》，第1410页。
④ 《长编》卷二百三十五，第5718页。
⑤ 《长编》卷二百一十五，第5242页。

言者以公当遇正旦使宋选于靴淀,而选与虏使失言,杯酒间公实与其会。改端明殿学士,兼翰林侍读学士、再充永兴路安抚使、知永兴军。嘉祐二年,迁礼部尚书,移秦凰(当为"凤"字)路安抚使,知秦州。五年,改刑部,再留守西京。七年,改户部,又兼龙图阁学士,充定州路安抚使,知定州。八年,英宗皇帝即位,改兵部。治平二年,迁吏部,移留守北都。四年,神宗皇帝即位,除太子少保。熙宁元年,除检校太傅、宣徽北院使,留再任。……元丰元年始除检校太尉,充宣徽南院使、西太一宫。"①据此可知,至和元年,王拱辰曾任宣徽北院使,但不久即改任他职,且治平年间王拱辰一直任职于地方,未担任知宣徽院一职。"寻迁南院"亦不恰当,王拱辰于熙宁元年(1068)授宣徽北院使,元丰元年(1078)充宣徽南院使,中间相隔十年。

8. 靖康初,李纲以尚书右丞出为两河宣抚,继而又以种师道代之。(1759 页)

案,《宋史·钦宗本纪》记载:"(靖康元年二月)庚戌,李纲知枢密院事,耿南仲为尚书左丞,李梲为尚书右丞。……六月戊戌,乃以李纲代种师道为宣抚使、援太原。"②据此可知,靖康元年二月,尚书右丞李纲改任知枢密院事,同年六月,李纲以知枢密院事出为两河宣抚。《宋史·宰辅表》卷三记载,可以进一步佐证李纲当时宣抚两河时,是以知枢密院事的身份。"(靖康元年二月)庚戌,李纲自中大夫、尚书右丞除知枢密院事。耿南仲自同知枢密院事除尚书左丞。李梲自正奉大夫、同知枢密院事除尚书右丞。(靖康元年)九月丁丑,李纲自知枢密院事

---

① 洛阳地区文物工作队:《北宋王拱辰墓及墓志》,《中原文物》,1985 年第 4 期。
② 《宋史》卷二十三《钦宗纪》,第 425 页。

以观文殿学士出知在扬州"①。且《宋史·职官志七》记载:"(靖康元年)以知枢密院李纲宣抚河东、北两路。"②故可断定"尚书右丞"为"知枢密院"之误。

9. 李文定公迪以参知政事兼掌宾客，及升左相，遂进少傅，此宰相兼宫僚之所始也。（1796 页）

案，据龚延明先生考证，元丰改制前，侍中或门下侍郎、左仆射同中书门下平章事者，或上相称左相，右仆射同中书门下平章事以及次相称右相③。考《宋朝大诏令集》卷五十二《李迪拜集贤相制》记载:"金紫光禄大夫、行尚书礼部侍郎、参知政事兼太子宾客、充会灵观使、上柱国、陇西郡开国侯李迪……可吏部侍郎兼太子少傅、同中书门下平章事、充景灵宫使、集贤殿大学士、仍加上柱国、食邑实封进封开国公。"④又据《宋宰辅编年录》卷三记载:"天禧四年七月丙寅，李迪拜相。自参知政事兼太子宾客，除吏部侍郎兼太子少傅，同平章事、充景灵宫使、集贤殿大学士。"⑤可知李迪是以集贤相兼太子少傅。据《宋史·职官一》载:"其上相为昭文馆大学士、监修国史，其次为集贤殿大学士。或置三相，则昭文、集贤二学士并监修国史，各除。"⑥《春明退朝录》载:"本朝置二相，昭文、修史，首相领焉；集贤，次相领焉。"⑦可知，平章事带昭文馆大学士为首相，平章事带集贤殿大学士为次相。李迪以平章事带集贤殿大学士兼太子少傅，乃是次相。李迪为集贤相，故应称右相而

① 《宋史》卷二百一十二《宰辅表三》，第 5533 页。
② 《宋史》卷一百六十七《职官志七》，第 3957 页。
③ 龚延明:《宋代官制词典》，中华书局，1997 年，第 79 页。《中国历代别名大辞典》，上海辞书出版社，2006 年，第 180、190 页。
④ 《宋大诏令集》卷五十二《李迪拜集贤相制》，中华书局，1962 年，第 264～265 页。
⑤ 〔宋〕徐自明撰，王瑞来补校:《宋宰辅编年录校补》卷三，中华书局，1986 年，第 147 页。
⑥ 《宋史》卷一百六十一《职官一》，第 3773 页。
⑦ 〔宋〕宋敏求:《春明退朝录》，《唐宋史料笔记丛刊》，中华书局，1980 年，第 12 页。

非左相。而《通考》谓其"升左相兼少傅",误也。

10. 唐贞观五年,皇太子上表请置史职,用司箴诫,乃于门下坊置太子司议郎四人,精选名士以居之。(1801 页)

案,《唐六典》云:"太子司议郎四人,正六品上;贞观十八年置。"①《唐会要》亦云:"(贞观十八年十月四日)门下坊置司议郎四员,以敬播、来济为之。"②与《通考》记载不同,《唐六典》、《唐会要》均记载贞观十八年置太子司议郎。考《旧唐书·敬播传》:"(敬播)寻以撰实录功,迁太子司议郎。时初置此官,极为清望。中书令马周叹曰:'所恨资品妄高,不获历居此职。'"③又考《旧唐书·太宗纪下》:"(贞观十八年八月)丁卯,散骑常侍清苑男刘洎为侍中,中书侍郎江陵子岑文本、中书侍郎马周并为中书令。"④可知,马周为中书令在贞观十八年,即可佐证敬播为太子司议郎在贞观十八年。且同书《来济传》亦云:"(贞观)十八年,初置太子司议郎,妙选人望,遂以济为之。"⑤故可断定《通考》此处"贞观五年"当为"贞观十八年"之误。

11. 永徽元年,以太子名"忠",改诸率府中郎将为旅贲郎将,其郎将改为翊军。(1811 页)

案,《旧唐书·高宗纪上》载:"(永徽三年)秋七月丁巳,立陈王忠为皇太子,大赦天下,五品已上子为父后者赐勋一转,大酺三日。"可知,唐高宗册封李忠为皇太子在永徽三年,故为避太子李忠名讳不会

① [唐]李林甫等撰,陈仲夫点校:《唐六典》卷二十六《太子三师三少詹事府左右春坊内宫》,中华书局,1992 年,第 665 页。
② 《唐会要》卷六十七《左春坊》,第 998 页。
③ 《旧唐书》卷一百八十九上《敬播传》,第 4954 页。
④ 《旧唐书》卷三《太宗纪下》,第 56 页。
⑤ 《旧唐书》卷八十《来济传》,第 2742 页。

早于永徽三年。《旧唐书·高宗纪上》云："（永徽三年）九月丁巳，改太子中允为内允，中书舍人为内史舍人，诸率府中郎将改为旅贲郎将，以避太子名。"①又《通典》云："永徽三年八月，避太子名，改中郎将为旅贲郎将，又改为翊军郎将，寻复旧。"②故可断定"永徽元年"当为"永徽三年"之误。

12. 以关辅、河东、剑南、山南西道财物，令户部尚书、支度使班宏主之。（1844 页）

案，《旧唐书·德宗纪下》载："（贞元八年四月丙午）以河内、河东、剑南、山南西道等财，令户部尚书、判度支班宏主之。"③与《通考》所记"支度"不同，《旧唐书》作"度支"。考"度支使"与"支度使"职掌，可知，度支使"掌判天下租赋多少之数，物产丰约之宜，水陆道途之利"，主要领导政府财政工作；而支度使"计军资粮仗之用。每岁所费，皆申度支会计，以长行旨为准"④，其职责是供给军资。由此可知，"度支使"与"支度使"为两个不同使职。唐王朝将中央的财政长官加度支使，地方财政长官叫支度使，却是有意识地加以区别，不使两种官名混淆⑤。班宏以户部尚书主管全国财政，所兼任的职位应是度支使。《旧唐书·食货下》记载："（贞元八年）河东、剑南、山南西道，以户部尚书、度支使班宏主之。"⑥《唐会要·两税使》记载："以关辅、河东、剑南、山南西道财物，令户部尚书、度支使班宏主之。"⑦故可知，"支度使"为"度支使"之倒误。

---

① 《旧唐书》卷四《高宗纪上》，第 71 页。
② ［唐］杜佑撰，王文锦等点校：《通典》卷二十九《职官十一》，中华书局，1988 年，第 808 页。
③ 《旧唐书》卷十三《德宗纪下》，第 374 页。
④ 《旧唐书》卷四十三《职官二》，第 1827 页。
⑤ 卞孝萱：《唐代度支使与支度使——新版〈旧唐书〉校勘记之一》，《中国社会经济史研究》，1983 年第 1 期。
⑥ 《旧唐书》卷四十九《食货下》，第 2119 页。
⑦ 《唐会要》卷八十四《两税使》，第 1326 页。

《汉书》、《魏略》西域史事勘误三则

颜世明

《汉书》卷九十六上《西域传》云：

> 征和元年，楼兰王死，国人来请质子在汉者，欲立之。质子常坐汉法，下蚕室宫刑，故不遣。报曰："侍子，天子爱之，不能遣。其更立其次当立者。"楼兰更立王，汉复责其质子，亦遣一子质匈奴。后王又死，匈奴先闻之，遣质子归，得立为王。汉遣使诏新王，令入朝，天子将加厚赏。楼兰王后妻，故继母也，谓王曰："先王遣两子质汉皆不还，奈何欲往朝乎？" ①

引文讲述楼兰国两个王子继承王位的过程，即楼兰夹附在西汉与匈奴两大势力之间，不得已乃以两王子分送西汉与匈奴为人质。征和元年（前 92 年）楼兰王离世，国人欲迎立在汉的王子为王。时王子坐汉法，

---

① 班固：《汉书》卷九十六上《西域传》，中华书局 2013 年版，第 3877～3878 页。

施以腐刑,汉武帝留而不遣,国人遂立其他王子为国王 (以下称"旧王")。"旧王"崩,匈奴闻之,抢先护送在匈奴的王子回国登基 (以下称"新王")。

文中"汉复责其质子"一句值得深思:

其一,据上下文文意,楼兰国拥立"旧王",西汉再次"责其质子","旧王"又遣一王子送到匈奴,前言不搭后语。

其二,"其质子"当指"旧王"之子,即"新王"之弟尉屠耆 (见本文引"新王"后妻语与傅介子语)。"旧王"即位以前,在汉处以宫刑的王子乃尉屠耆叔伯。即"其质子"与受宫刑的王子分指两人,文中焉可用"复"字。

其三,汉廷已自食重罚楼兰质子招致的苦果,何以无故再次责罚质子。况本传又言质汉期间"其 (即"新王") 弟尉屠耆降汉",具表"新王"截杀汉使之事[①]。元凤四年 (前 77 年) 西汉使臣傅介子出使楼兰,诛灭"新王"后,曰"当更立王弟尉屠耆在汉者"[②]。汉借机重立尉屠耆为王,尉屠耆自汉返归楼兰,汉赏以宫女、辎重,遣百官隆重欢送。汉又在其国东部伊循城屯田,以助其威。即在质汉期间及归国后,"其质子"尉屠耆已经亲汉、深得汉心,汉待其诚厚,焉会惩处。

根据下句"("旧王") 亦遣一子质匈奴",上句文意当是"旧王"遣一子质汉。即"旧王"继位之后,遵循旧例,也分遣二王子到汉与匈奴为人质。"旧王"以王子 (即尉屠耆) 质汉之事隐含在本传与《汉书·傅介子传》中:"旧王"去世,匈奴抢先送还在匈奴的质子;西汉诏令"新王"朝觐,后妻言两王子质汉未归,质汉两王子即处腐刑的王子与尉屠耆;《傅介子传》傅介子诛杀"新王"后,云"当更立前太子质在汉者"[③]。

① 班固:《汉书》卷九十六上《西域传》,中华书局 2013 年版,第 3878 页。
② 班固:《汉书》卷九十六上《西域传》,中华书局 2013 年版,第 3878 页。
③ 班固:《汉书》卷七十《傅介子传》,中华书局 2013 年版,第 3002 页。

"汉复责其质子"，或原本作"复遣其子质汉"。印版"遣"字左半边"辶"损坏或印刷模糊，其字右半边形似"责"字繁体"責"，故作"复責其子质汉"。后人以文意不通，"复"、"責"两字与前文汉武帝处质子以宫刑相应。同时又与未立质汉的楼兰王子为王，以致汉处罚在汉的质子情理相合。故将"汉"字提前，"子"字移后，以作今本"汉复责其质子"。

综上所述，《汉书·西域传》中"汉复责其质子"，既与上下文文意不合，又与历史事实相悖，当作"复遣其子质汉"。

《魏略》系魏末晋初鱼豢私撰之作，现已散佚不存。裴松之将其书《西戎传》纳入《三国志》注文①，其中有两处讹误，现将其扼要举出。

《魏略·西戎传》曰："其（车离国）地东西南北数千里，人民男女皆长一丈八尺。"（第 860 页）车离国，《后汉书》则有"东离国"传记②。车离国与东离国都城、地理位置、民俗风情完全相同，可证车离国、东离国应为一国，盖"车"、"东"形近致讹也。东（车）离国传文叙述平实，未有夸饰成分，并非出自时人的主观臆想，据余太山先生考证当是南印度地区泰米尔人（Tamil）建立的古国 Chola（公元前 3 世纪～公元 1279 年）③。传文中当地人身高，《后汉书》作"八尺"，《魏略》则作"一丈八尺"。按东汉时一尺约合今 23 厘米，曹魏时一尺约合今 24 厘米，十尺为一丈。故《后汉书》"八尺"约今 1.8 米，《魏略》"一丈八尺"约今 4.3 米。《通典·车离国传》、《太平寰宇记·车离国传》引本句亦作"人皆长八尺"④，《魏略》"人民男女皆长一丈八尺"中的"一丈"当是衍文。

① 陈寿著，裴松之注：《三国志》卷三十《乌丸鲜卑东夷传》，中华书局 2014 年版，第 858～863 页。
② 范晔：《后汉书》卷八十八《西域传》，中华书局 1973 年版，第 2922 页。
③ 余太山：《第一贵霜考》，《中亚学刊》第 4 辑，北京大学出版社 1995 年版，第 83 页。
④ 杜佑撰，王文锦点校：《通典》卷一百九十三《边防九》，中华书局 2007 年版，第 5263 页；乐史撰，王文楚点校：《太平寰宇记》卷一百八十三《四夷十二》，中华书局 2007 年版，第 3505 页。

《魏略·西戎传》云："自是以西，大宛、安息、条支、乌戈。乌戈一名排特，此四国次在西，本国也，无增损。"（第 860 页）即与东汉时相较，曹魏时大宛、安息、条支、乌戈四国的疆土并无变化。安息即帕提亚波斯王国（统辖今伊朗高原、两河流域），《后汉书》卷八十八《西域传》曰："又西南至于罗国九百六十里，安息西界极矣。"[①]即东汉时于罗隶属安息。根据前引《魏略》之文，曹魏时于罗亦当归属安息。

《魏略·西戎传》又云："于罗属大秦，其治在汜复东北。"（第 862 页）据此曹魏时于罗又从属大秦（罗马帝国），与上引之文相抵牾。

于罗系 Hatra（哈特拉）汉文之移译[②]，位于美索不达米亚平原东部底格里斯河与西部幼发拉底河之间。图拉真（Trajan，公元 98 ～ 117 年在位）执政时期罗马帝国疆域扩张到极点，东以幼发拉底河与安息分界。公元 116 年图拉真东渡幼发拉底河围攻安息属地哈特拉，结果大败而归。其后罗马帝国皇帝塞普蒂米乌斯·塞维鲁（Septimius Severus，公元 193 ～ 211 年在位）亦试图攻占哈特拉，同样无功而返。史料所及中国东汉、曹魏时安息一直控制着于罗，故《魏略》中安息疆土"无增损"无误，"于罗属大秦"实误。

---

① 范晔：《后汉书》卷八十八《西域传》，中华书局 1973 年版，第 2918 页。
② 余太山：《两汉魏晋南北朝正史西域传要注·〈后汉书·西域传〉要注》，商务印书馆 2013 年版，第 272 页。

一个给经学史添乱的顿号

吕友仁

《旧唐书·孔颖达传》："颖达八岁就学，日诵千余言。及长，尤明《左氏传》、郑氏《尚书》、王氏《易》、《毛诗》、《礼记》。"（中华书局校点本，2601 页）

我所说的"一个顿号之误"，就是指"王氏《易》"后面的那个顿号。那个顿号，应改作逗号。

为什么说"给经学史添乱"？"王氏《易》"的"王氏"，是指王弼。王弼，字辅嗣，《隋志》著录"魏尚书郎王弼注《六十四卦》六卷"，就是所谓王氏《易》。《易》之王弼注在南朝很红火，《经典释文·叙录》云："永嘉之乱，施氏、梁丘之《易》亡，孟、京、费之《易》，人无传者，唯郑康成、王辅嗣所注行于世，而王氏为世所重，今以王为主。"孔颖达《五经正义》中的《周易正义》，用的就是王弼注。其《周易正义序》云："王辅嗣之注，独冠古今。"王弼的著述，除了注《六十四卦》外，据《隋志》，还有《周易略例》一卷，《论语释疑》三卷，《老子道德经》注二卷，没有注释过《毛诗》和《礼记》。王弼，《三国志·魏书》附《钟会传》，也只说"王弼好论儒道,辞才逸辩,注《易》及《老子》"(中华书局校点本 795 页)。

《旧唐书·孔颖达传》的这几句话,《新唐书·孔颖达传》是这样记载和标点的:"及长,明服氏《春秋传》、郑氏《尚书》《诗》《礼记》,王氏《易》。"(中华书局校点本 5643 页)《新唐书》的标点,正确无误,处理得相当好。也就是说,孔颖达所明的《尚书》、《诗》、《礼记》三经,都是郑玄注的。郑玄遍注群经,据《隋志》,郑玄有《尚书》注九卷、《毛诗》笺二十卷、《礼记》注二十卷,这就对上号了。

为什么改作逗号就对了呢?《隋书·儒林传序》:"南北所治章句,好尚互有不同。江左,《周易》则王辅嗣,《尚书》则孔安国,《左传》则杜元凯;河洛,《左传》则服子慎,《尚书》、《周易》则郑康成,《诗》则并主于毛公,《礼》则同遵于郑氏。"(中华书局校点本 1705~1706 页)其中"《诗》则并主于毛公"一句,完全可以改作"《诗》则并主于《毛诗郑笺》"。这也就是说,南北朝时期,尽管南北的经学取向有所不同,但《诗》、《礼》二经的取向是一样的,采用的都是郑注。孔颖达《五经正义》中的《毛诗正义》、《礼记正义》仍然是采用郑注。这一点,在当时是众所周知,无须特别交待;在今天,也属于经学史常识。不曾想,稍一忽略,铸成大错。语云:"差之毫厘,谬以千里。"有以也。

《二十四史全译·旧唐书》的译文及标点是:"特别通晓《左氏传》、《郑氏尚书》、《王氏易》、《毛诗》、《礼记》。"(中国大百科全书出版社 2004 年版,第 3 册,2097 页)除了继承校点本《旧唐书》的标点错误外,又增添了一些新花样(读者到哪里去找《郑氏尚书》、《王氏易》?),越走越远了!

书 苑 撷 英

《元朝进士集证》（国家社科基金后期资助项目）

全二册，沈仁国著，中华书局 2016 年 1 月出版，198.00 元。

自隋至清代，历朝政府通过科举考试，层层选拔出大批进士充实到官僚机构中。这些士人，对隋以后中国古代社会的方方面面产生了重大影响。元朝科举虽然规模小、时间短，仅是选拔官吏的辅助手段，但对明、清科举却有深远的影响。元朝共录取 16 科进士，合计 1139 人。这些进士俱有题名碑，原在北京国子监，后被明人磨灭。今仅残存两科进士名录。本书旨在重构元朝各科进士录，详细考订各科进士的生平事迹，使元朝各科进士的面貌较为全面、准确、清晰地再现于世，这对于从各方面加深对元朝科举制度的认识，对元史及中国科举史的研究俱有裨益。

本书采用的研究方法：第一，充分借鉴钱大昕、陈高华、萧启庆、桂栖鹏等学者的研究；第二，所有结论，都建立在充分占有史料并加以辨别的基础上，征引文献达 980 馀种；第三，编制了有效的工具，对史料进行立体式的梳理、审视与分析；第四，对史料的可信度进行分级，条分缕析，考订史源；第五，采用内证、互证及其他考订方法，对元进士进行辨识。

本书在以下六个方面取得进展：第一，对辨别元进士身份的史料进行了全面的梳理与辨别；第二，增引各种确凿、重要的史料 800 馀条，用以确证或佐证某人的进士身份，从而使本书的考订更加坚实可靠；第三，根据史料的可靠性，将考订出的元进士分成进士身份可靠者、比较可靠者、有此记载者，并分别考出 572 人、201 人、270 人，总计 1043 人，较前人增列 173 人；第四，辨识元进士身份疑误者 379 人，基本解决了钱大昕留下的难题；第五，对现存的两科进士录（元统元年进士录、至正十一年进士题名记）重新校注；第六，全面考订了元进士的事迹。

本书以翔实的史料，对元代各科进士进行了系统的考证，对所列进士身份的可靠性进行了严格的鉴别，对各位进士生平事迹进行了细致的考订，全面、清晰地展示了元代进士的整体面貌，基本完成了元朝进士录的重构，是元代科举史研究的最新成果，对中国科举史及元代政治、社会、文化等各个方面的研究，皆有参考价值。

（李 奭）